LE JOUR OÙ LES ZONES COMMERCIALES AURONT DÉVORÉ NOS VILLES

FRANCK GINTRAND

Conception graphique et mise en page :
Catherine Julia (Montfrin)
Couverture : Le Petit Atelier (Paris)
ISBN : 978-2-36549-316-1
ISBN ebook : 978-2-36549-317-8
Dépôt légal : 4e trimestre 2018

www.thierrysouccar.com

Imprimé et façonné en France sur les presses de
Présence graphique – N° d'impression : 1018 61591

PEFC 10-31-2677

« Individuellement, vous n'avez aucune idée
de ce que vous faites collectivement. »

LE CERCLE, DAVE EGGERS

Sommaire

TROISIÈME PARTIE

De l'image à la réalité

QUATRIÈME PARTIE

Une guerre totale

CINQUIÈME PARTIE

D'autres choix possibles

ANNEXES

La France malade des zones commerciales

« Nous avons déjà Auchan, deux Leader Price, Aldi, Exona. Un Leclerc doit ouvrir aux Tarterêts, un petit Casino au bout de la rue Saint-Spire, et deux centres commerciaux à La Papeterie et à Montconseil. Au total, ça nous fera une dizaine de zones commerciales. »

Patrick Rakotoson, vice-président de la CCI de l'Essonne au sujet de l'aménagement d'une nouvelle zone commerciale à Corbeil en 2014

Centres-villes appauvris et désertés, commerces fermés, hangars surgis de terre le long des routes, élus locaux désorientés sinon désespérés… En l'espace de quelques années, la multiplication des zones commerciales aura transformé plus radicalement la France que l'exode rural d'après-guerre. Comment en sommes-nous arrivés là et pourquoi cette folie des grandes surfaces dans un contexte économique pour le moins atone ?

UNE COURSE À L'ABÎME

Contrairement à ce qui est si souvent affirmé, la folie actuelle des grandes surfaces n'est pas le résultat d'une réglementation qui serait allègrement détournée mais le fruit d'une volonté politique délibérée remontant à 2007. En intensifiant la concurrence entre les enseignes de la grande distribution, le gouvernement d'alors espérait créer une relance de l'économie. Ce fut un échec. La relance ne s'est jamais produite mais la libéralisation des implantations et la guerre des prix, elles, ont littéralement bouleversé le paysage. Alors qu'il aurait fallu continuer d'encadrer les grandes surfaces voici dix ans – au moins dans les départements qui étaient déjà en situation de suréquipement commercial –, les pouvoirs publics ont ouvert la boîte de Pandore, libérant la distribution des chaînes qui entravaient sa capacité à s'implanter où elle le souhaitait et à pratiquer les prix les plus bas. Certaines enseignes ont perdu des parts de marché. D'autres ont largement bénéficié de la libéralisation. Toutes sont aujourd'hui les otages d'une course à l'abîme à laquelle aucune ne souhaite officiellement mettre un terme.

En 2018, la France affiche 2 000 hypermarchés et 10 000 supermarchés[1], soit 500 hypermarchés et 5 000 supermarchés de plus qu'en 2008[2], auxquels il faut ajouter plus de 800 centres commerciaux représentant 16 millions de mètres carrés et hébergeant 30 000 magasins[3], toutes ces surfaces étant majoritairement situées en périphérie des villes. Non seulement la Loi de Modernisation de l'Économie du 4 août 2008 n'aura pas réussi à relancer la croissance mais le prix à payer se révèle aujourd'hui d'autant plus élevé pour la collectivité qu'à la descente aux enfers des agriculteurs et de nombreuses petites et moyennes entreprises, il faut ajouter la catastrophe que représente la dérégulation des implantations commerciales sur l'aménagement du territoire. Les paysages se sont enlaidis. La clientèle s'est détournée un peu plus des commerces de centres-villes. Dans une ultime réaction de désespoir, des communes remettent leur destin dans les mains de l'extrême droite tandis que des commerçants inquiets pensent trouver refuge dans des centres commerciaux qui se révèlent impitoyables pour les plus faibles d'entre eux.

Les experts misaient début 2010 sur un essoufflement qui, au lendemain de la crise majeure que le monde connut en 2008, ne devait plus tarder à se manifester. On sait ce qu'il en est. La machine à produire de la grande surface n'a pas ralenti, au contraire, elle s'est emballée : 204 700 m² de centres commerciaux et 307 000 m² de parcs commerciaux[4] sont programmés pour 2018. Le Conseil National des Centres commerciaux note à ce sujet que « *si les volumes investis sont inférieurs à ceux constatés sur les années précédentes, et notamment les années exceptionnelles qu'ont été 2014 (6,6 milliards d'euros) et 2015 (5,6 milliards), l'année 2017 demeure supérieure à la moyenne constatée sur la dernière décennie*[5] ». Et pour cause, chaque demande de création d'une surface commerciale donne lieu dans les années qui suivent à autant de demandes d'extensions de la part des concurrents. C'est même devenu une simple question de survie. Chaque acteur tente d'asseoir sa suprématie sur sa zone de chalandise pour asphyxier ses concurrents. Et qu'importe si cette guerre présente un coût élevé sur le plan environnemental et urbain. Le cynisme consistant à disposer quelques panneaux solaires ou à créer des pièces d'eau artificielles en pleine nature aurait de quoi faire sourire si ce *greenwashing* en règle ne suffisait si souvent à faire passer une zone commerciale pour un projet environnemental.

LA DISTRIBUTION, UNE HYPERPUISSANCE

Au nom du pouvoir d'achat, la France a choisi de ne pas brider le développement de la grande distribution et fait de ce secteur le plus puissant de l'économie française. Il ne s'agit pas ici de regretter que notre pays ait choisi de commercialiser ce qu'il a renoncé à concevoir et fabriquer – c'est un autre débat –, mais de dénoncer une position qui ne parvient à tenir sa promesse qu'en étouffant les producteurs, en vidant les centres-villes de leur substance commerciale, en abîmant les paysages. Il faut être désespéré comme un agriculteur acculé à la faillite pour oser dénoncer la politique des hypers. À quelques exceptions près[6], le silence gêné et les commentaires en off dominent aussi bien parmi les acteurs économiques qu'au sein d'une classe politique qui s'emploie à relativiser la gravité de la situation. Dans les deux cas, la peur domine. Peur des représailles d'un secteur qui dispose d'une puissance de négociation sans commune mesure. Peur d'un acteur qui a investi tous les pans de l'économie et sait le rappeler à chaque fois que nécessaire. Il n'est qu'à voir le peu d'articles universitaires[7] et d'initiatives parlementaires[8] sur l'impact économique, social, environnemental et urbain de la grande distribution pour s'en convaincre. Combien de temps cette chape de plomb peut-elle tenir ? C'est toute la question.

Il est désormais acquis que, pour continuer de gagner du terrain, la distribution ne reculera devant rien. Elle continuera de menacer des élus récalcitrants de s'implanter dans une commune voisine. Elle n'hésitera pas à agiter l'épouvantail de l'ogre Amazon qui voudrait qu'Internet soit le danger majeur contre lequel tous les acteurs du commerce, petits ou grands, devraient s'allier. Elle se félicitera que l'État apporte son soutien aux communes qu'elle a par ailleurs contribué à sinistrer. Elle se voudra surtout rassurante, allant jusqu'à soutenir qu'il n'existe aucun lien entre la crise des centres-villes et le développement du commerce de périphérie. D'ailleurs, les hypermarchés seraient sur le point de mourir, la construction de centres commerciaux commencerait à ralentir, les Français seraient en passe de revenir dans les centres-villes… Alors à quoi bon encadrer le marché ?

Les géants du commerce n'ont en vérité aucune envie d'arrêter leur guerre de conquête. Le nombre de projets va certes ralentir dans les prochaines années. Mais leur taille, elle, va continuer d'augmenter. Les grandes surfaces vont fusionner avec les centres commerciaux. Les uns et les autres vont vouloir survivre en atteignant une hypothétique masse critique.

CECI N'EST PAS UN BRÛLOT CONTRE LA DISTRIBUTION

Si ce livre appelle à encadrer le pouvoir excessif de la distribution en France, il n'est pas pour autant un brûlot contre les grandes surfaces. Ma génération a grandi à l'époque où les hypermarchés furent d'abord un objet d'émerveillement, un monde nouveau plein de promesses, une caverne d'Ali Baba. La laideur de l'hypermarché, du moins à l'origine, ne choquait personne. Le caractère inédit du concept – le maximum de produits sous un même toit –, sa modernité – un espace aseptisé et rationalisé au point que la moindre velléité artistique semblait hors de propos –, l'abondance, la diversité et l'accessibilité de l'offre... tout dans l'hypermarché semblait promettre au consommateur qu'il pourrait étancher sa soif d'achat. Et c'est bien la seule chose qui importait. Le hangar était peut-être une boîte sans âme mais c'était justement cette totale neutralité qui permettait à chacun d'y projeter ses rêves. Peut-être faut-il avoir connu les premiers hypers, comme les écrivaines Rachel Cusk[9] ou Annie Ernaux les ont connus, pour mieux comprendre la fascination que la grande surface a exercée pendant des années sur les Français, pour apprécier « *(s)es espaces éclairés aux néons si impersonnels et si éternels qu'il en émane du bien-être autant que de l'aliénation*[10] », cette « *impression que, ici, il n'y a pas d'histoire* ». Il faut avoir été comme Annie Ernaux, enfant de la Seconde Guerre qui rêvait « *d'entrer librement dans les magasins désertés et de prendre tout ce qui (lui) faisait envie* », pour saisir combien « *dans le monde de l'hypermarché et de l'économie libérale, aimer les enfants, c'est leur acheter le plus de choses possible*[11] ». La laideur ou la banalité de l'architecture commerciale, aussi frappante soit-elle aujourd'hui, ne doit pas faire oublier que l'ivresse et la modernité dont elle fut l'expression ont largement éclipsé cette dimension pendant longtemps.

DEMAIN IL SERA TROP TARD

De la même façon, il n'y a en soi rien de scandaleux à ce que des acteurs économiques veuillent se développer à tout prix, fut-ce au détriment de la collectivité. Demander à des entreprises de limiter leurs implantations au motif que celles-ci attirent les clients des commerces de centre-ville et contribuent à affaiblir un peu plus des communes déjà durement éprouvées n'a pas grand sens. De même il serait tout aussi irréaliste et déraisonnable de se reposer sur le consommateur, dont les envies sont par nature changeantes, pour aménager notre territoire. C'est aux politiques et aux citoyens que nous sommes, de prendre la mesure du désastre qui se dessine sous nos yeux. Le risque de voir balayer des paysages qui sont le fruit de l'histoire et des villes qui ont mis des siècles à se construire par des constructions au mieux sans intérêt, au pire d'une laideur sans nom, est pourtant bien réel.

Pour des raisons qui tiennent à une urbanisation plus tardive qu'ailleurs, la France se trouve exposée au risque d'une américanisation accélérée, avec des communes sans véritable centre-ville et des banlieues sans âme. Est-ce vraiment un choix collectif et délibéré ? Les résistances qui se font jour ici ou là tendent à montrer que la réponse ne va pas de soi. Et en démocratie, un débat ne peut être tranché que lorsqu'il a eu lieu avec toutes les parties prenantes, en pleine lumière.

Comment la multiplication des grandes surfaces a-t-elle été décidée ? Peut-on vraiment parler de fin des hypermarchés ? Comment expliquer le succès des centres commerciaux et leur implantation en périphérie des agglomérations ? Quel impact sur les centres-villes ? Quels arguments les acteurs de la distribution mobilisent-ils pour continuer de développer leur implantation ? De quelles marges de manœuvre disposent les élus ? Les professionnels de la distribution parlent-ils tous d'une même voix ? Pourquoi tant d'indifférence de la part des citoyens face à un phénomène qui défigure la France et dévitalise ses villes ? En quoi l'Allemagne montre qu'un autre chemin était et reste peut-être possible ? Ce livre s'efforce de répondre à toutes ces questions de façon aussi factuelle que possible. Nous souhaitons qu'il contribue à dépasser le stade du simple constat de la crise des centres-villes – que plus personne ne conteste aujourd'hui – pour mieux comprendre ces forces qui détricotent chaque jour un peu plus notre pays. Parce qu'il est temps de remettre la distribution à la place qui est la sienne : celle d'un acteur économique important et non celle d'un agent qui, par le simple fait d'acheter du foncier, aurait la légitimité pour dessiner la France de demain.

Propos liminaire

Première émission écologique de l'histoire de la télévision française, *La France défigurée* des années 1970 dénonçait les atteintes au paysage et à l'environnement. On n'y évoquait nullement la question des zones commerciales en marge des villes[12]. Et pour cause : dans les années 1970, notre pays n'en était qu'au début de la révolution de la grande distribution. Le premier hypermarché, un Carrefour, ouvert en 1963 commençait à faire des émules. On pouvait regretter ce choix français du très grand format et l'absence d'esthétique des hangars commerciaux. Mais personne n'imaginait que les hypers puissent s'installer ailleurs qu'en périphérie. Ce n'est qu'après leur apparition que le paysage urbain et rural s'est modifié avec la multiplication de deux autres « concepts » : les centres commerciaux et surtout les zones commerciales implantées, elles aussi, en périphérie.

Les centres commerciaux se sont d'abord implantés dans les villes, les « villes anciennes » avec La Part-Dieu à Lyon en 1972 ou le Forum des Halles à Paris en 1979 mais aussi les « villes nouvelles » avec, par exemple, Évry 2 en 1975. Les zones commerciales ont suivi dans les années 1980. Le pire de l'urbanisme. Des « boîtes à chaussures » regroupées sur un même site, séparées par des parkings et bien visibles aux entrées de villes. Avec une particularité redoutable : à l'inverse des centres commerciaux gérés par des propriétaires uniques, chaque enseigne d'une zone commerciale fait ce qu'elle veut sur sa parcelle. Pas de règles partagées, de stationnement commun, ni d'accueil unique. Une vision urbaine de la liberté d'entreprendre aboutissant à une anarchie absolue, tant sur un plan visuel que fonctionnel. Des kilomètres de hangars les uns à la file des autres ou agrégés les uns aux autres sans aucune vision d'ensemble, c'est cette gangrène que dénoncent (parmi d'autres horreurs) Xavier de Jarcy et Vincent Remy dans un célèbre article de *Télérama* de 2010 : *Comment la France est devenue moche.*

Depuis, la situation a évolué mais dans le mauvais sens. Les nouveaux centres commerciaux ont commencé à migrer vers la périphérie tandis que les zones commerciales se sont étendues. Le plus piquant dans cette histoire ? Ceux qui se proposent de faire des *retail parks* – un nom plus branché pour désigner les centres commerciaux de périphérie – sont parfois ceux-là mêmes qui sont les créateurs des verrues dénoncées par Xavier de Jarcy et Vincent Remy.

LES 10 MOTS-CLÉS DE CE LIVRE

- **Centre commercial** : bâtiment doté d'un parking commun et géré par un bailleur unique regroupant sous un même toit des commerces indépendants. Ce terme générique désigne aussi bien les équipements de centre-ville que de périphérie.

Centre commercial Les Quatre Temps, La Défense, Paris.

- **Zone commerciale** : autre terme générique qui recouvre deux réalités.

  1 - La zone en périphérie d'une ville regroupant des commerces d'apparence très disparate gérés indépendamment les uns des autres et disposant de leur propre aire de stationnement.

Zone commerciale de Limonest (69)

2- Le ***retail park*** : centre commercial à ciel ouvert situé en périphérie d'une ville, doté d'un parking commun et géré par un bailleur unique.

© urbanolivier photographies

Odysseum, Montpellier

- **Hypermarché** : magasin en libre-service d'une surface égale ou supérieure à 2 500 m² réalisant plus du tiers des ventes en alimentation.

- **Supermarché** : magasin en libre-service d'une surface comprise entre 400 et 2 500 m² réalisant plus des deux tiers de son chiffre d'affaires en alimentation.

- **Villes moyennes** : communes dont le nombre d'habitants est compris entre 20 000 et 100 000 habitants.

- **Distribution et grande distribution** : la distribution regroupe tous les types de commerces dont les commerces indépendants et la grande distribution. Cette dernière intègre notamment les grandes surfaces alimentaires et les grandes surfaces spécialisées (en bricolage, mobilier, jardinage, électroménager, habillement, etc.) qui coexistent souvent au sein des mêmes zones commerciales et appartiennent aux mêmes groupes.

- **Foncière** : une foncière est une société qui construit pour son compte ou pour d'autres entreprises des centres commerciaux et des *retail parks* dans lesquels elle loue des espaces aux enseignes de la distribution.

- **CDAC** (Commission Départementale d'Aménagement Commercial) : depuis 45 ans, les grandes surfaces doivent demander une autorisation pour ouvrir ou s'agrandir. Aujourd'hui, cette démarche est obligatoire pour tous les commerces dont la surface est égale ou supérieure à 1 000 m². Les demandes sont étudiées et soumises au vote de commissions départementales constituées d'une majorité d'élus locaux (dont le maire de la commune d'implantation) et par une minorité de personnalités dites « qualifiées » (dans les domaines de la consommation, de l'environnement et de l'aménagement). Les autorisations accordées ou refusées de même que les votes des membres de la commission peuvent être consultés sur le site Internet de chaque préfecture.

- **CNAC** (Commission Nationale d'Aménagement Commercial) : si un projet de grande surface est rejeté, l'entreprise ou le territoire a toujours la possibilité de faire appel devant une commission nationale composée de fonctionnaires de l'administration centrale et territoriale ainsi que d'élus locaux.

PREMIÈRE PARTIE

L'invasion des grandes surfaces

CHAPITRE 1

À l'origine de l'invasion : la guerre des prix

« L'installation de magasins de plus de 1 000 m² sera facilitée. »

Jean-Christophe Martin, Directeur au Ministère de l'Économie au sujet de la Loi de Modernisation de l'Économie votée en 2008

La guerre des prix devait relancer la croissance. Ce fut un échec. Mais en matière de commerce comme ailleurs, le plus difficile n'est pas de déclencher la guerre, c'est d'y mettre un terme.

La guerre des zones commerciales découle d'une décision politique. Elle est le choix de deux hommes : Michel-Édouard Leclerc et Nicolas Sarkozy. Fils du fondateur Édouard Leclerc, Michel-Édouard est rentré dans le groupe familial en 1979. Ses débuts ont été marqués par l'instauration de rabais non autorisés sur l'essence, finalement autorisés par la Cour de Justice des Communautés Européennes en 1985, et par plusieurs tentatives similaires sur d'autres secteurs réglementés comme ceux des livres et des parfums. Comme son père, Michel-Édouard rêve de laminer la rentabilité de ses concurrents en les contraignant à diminuer leurs marges. Face à une droite chiraquienne jusque-là peu favorable au libéralisme, il va trouver en Nicolas Sarkozy, ex-ministre et soutien d'Édouard Balladur qui avait libéralisé les prix en 1986, un allié politique de premier plan.

BAISSER LES PRIX POUR FAVORISER LA CROISSANCE

Nommé ministre de l'Économie en 2004, Nicolas Sarkozy entend sortir d'un positionnement sécuritaire – il était « premier flic de France » depuis 2002 – pour se forger une stature d'homme d'État et gagner l'élection présidentielle de 2007 en se faisant le héraut du pouvoir d'achat. Le fond de sa pensée économique tient en une recette bien connue : la relance par la consommation. L'objectif consiste à inciter les Français à dépenser plus pour soutenir l'activité, en cassant leur tirelire ou en s'endettant. Pour y parvenir, le ministre compte moins sur les producteurs que sur les grandes surfaces « *incitées* à *répercuter plus fortement les baisses de prix* ».

Un accord est trouvé durant l'été 2004 avec les enseignes de la grande distribution. En septembre, les prix diminuent de 1,57 % sur 18 000 articles. Pour autant, l'effet n'est pas vraiment celui attendu. Les prix bas constituent indéniablement un gain en termes de pouvoir d'achat mais ils ne garantissent pas ce sursaut tant attendu de la consommation. Alors que la rentrée constitue traditionnellement une période de forte consommation, les Français ont même freiné leurs achats (- 0,6 % par rapport au mois d'août). Que s'est-il passé ? Les interprétations divergent. Selon Alexandre Casas, analyste à la CDC Ixis, « *au lieu de rassurer les consommateurs, cette campagne a accrédité l'idée que la grande distribution se sucrait sur leur dos. Résultat : ils sont allés voir ailleurs*[13] ». Où ? C'est un peu toute la question car même les hard discounters subissent un repli de la consommation. Pour un expert de la distribution, « *il y a en réalité un véritable phénomène de déconsommation*[14] » lié à un contexte économique jugé peu favorable. Carol Hainaut, de Natexis Banques populaires, confirme que « *la tendance qui se dessine pour les trimestres à venir n'appelle pas à l'optimisme malgré des incitations fiscales (donations, crédits à la consommation) destinées à libérer de l'épargne*[15] ».

Voilà qui ne fait pas les affaires de Michel-Édouard Leclerc. Car enfin si les prix bas avantagent son enseigne sans favoriser la consommation, et par voie de conséquence la croissance, une partie du discours perd sa crédibilité. Qu'à cela ne tienne, le patron du Mouvement E. Leclerc écrit sur son blog le 21 avril 2005 : « *Les magasins de mon groupe ont baissé leur prix de 3,5 % sur 5 000 articles depuis septembre, ce qui leur réussit puisqu'ils sont en augmentation de chiffre d'affaires de 4 %.* » Et pour bien montrer que la tendance ne se limite pas à ses centres, il n'hésite pas à préciser que « *si les nouveaux dirigeants de Carrefour peuvent annoncer un frémissement de leurs ventes en ce début d'année, c'est bien parce que cette enseigne a baissé ses prix substantiellement dans nombre de ses magasins* ».

Qu'importent les effets réels des accords, le débat sur le pouvoir d'achat est lancé. Les associations de consommateurs critiquent un indice accusé de mal mesurer les dépenses contraintes, notamment celles relatives au logement. En pleines primaires socialistes pour l'élection présidentielle, le sujet prend une tournure politique lorsque Ségolène Royal, candidate à l'investiture PS, assure que la hausse de 1,1 % du pouvoir d'achat en 2005 ne correspond pas à la « réalité », et se déclare favorable à une réforme de l'indice des prix.

DU POUVOIR D'ACHAT SUR TOUS LES PRODUITS

Michel-Édouard Leclerc a réussi son pari : plus personne ne cherche à savoir si la diminution du coût des produits a permis de doper la consommation. En revanche, la loi Galland – qui encadre les prix – est mise sur la sellette. C'est elle qui est accusée de maintenir des étiquettes jugées anormalement élevées. Et les industriels, eux, sont soupçonnés de faire leur beurre sur le dos du consommateur.

Michel-Édouard Leclerc est bien décidé à ne pas s'arrêter là. Quand la plupart des acteurs économiques affichent une neutralité politique prudente, lui n'hésite pas à mouiller sa chemise pour son candidat, Nicolas Sarkozy, quitte à attaquer bille en tête son concurrent potentiel à la présidentielle, Dominique de Villepin. Évoquant la baisse des prix constatée dans les grandes surfaces, Michel-Édouard

Leclerc critique ouvertement le silence de celui qui est alors premier ministre : « *En d'autres circonstances, tout chef de gouvernement se serait prévalu d'annoncer et de surfer sur ce bon indice de prix. Écoutez, tendez l'oreille. Percevez-vous le moindre murmure d'approbation ? Que nenni ! C'est que, voyez-vous l'exploitation d'un bon indice risquerait de donner du galon à Nicolas Sarkozy. C'est bien lui, évidemment, qui a osé orchestrer cette baisse dans la grande distribution. Pas question pour le gouvernement de lui faire de la pub*[16]. »

Une fois élu président de la République en 2007, et suivant une recette éprouvée des nouveaux pouvoirs, Nicolas Sarkozy confie à une commission le soin d'éclairer les choix et l'action du gouvernement. Assisté d'un jeune rapporteur, Emmanuel Macron, Jacques Attali, ancien conseiller du président François Mitterrand, prend la tête de la Commission pour la libération de la croissance française. Composée d'une quarantaine d'experts, la commission n'y va pas par quatre chemins concernant la distribution en préconisant l'abrogation de toutes les lois régissant le commerce. Pour Nicolas Sarkozy, l'heure n'est plus à la défense des industriels ou à l'expansion internationale des champions nationaux de la distribution comme Carrefour ou Casino. Oubliée aussi la relance de la croissance par celle de la consommation. En juillet 2007, Nicolas Sarkozy ne parle plus d'augmentation mais de « protection » du pouvoir d'achat. Le glissement sémantique passe inaperçu. L'heure est à l'euphorie et au volontarisme. En visite dans un centre E. Leclerc à Bois-d'Arcy, le président martèle sa volonté de voir la réforme de la distribution entrer en vigueur le plus vite possible.

LIBÉRALISATION TOTALE DE LA GRANDE DISTRIBUTION

Voté en 2008, le texte de la Loi de Modernisation de l'Économie (LME) autorise producteurs et grande distribution à vendre et acheter le moins cher possible – une pratique jusque-là fortement encadrée par la loi Galland. Dans le même temps, les ouvertures et les extensions de surfaces commerciales sont simplifiées, histoire de s'assurer que les enseignes ne se feront aucun cadeau. Et pour parfaire le dispositif, la loi stipule que les élus locaux devront avoir de solides raisons pour refuser l'ouverture d'une grande surface. La transposition dans le droit français de la directive européenne des services, la fameuse « *directive Bolkestein* », leur interdit désormais d'invoquer un « *suréquipement commercial* ». Autrement dit, il devient illégal de refuser l'installation de grandes surfaces au motif qu'il y en aurait déjà trop.

C'est un tournant majeur. Au nom de la libre implantation demandée par l'Union européenne et acceptée par la France, les commissions chargées d'étudier les demandes de grandes surfaces ne peuvent plus baser leur décision que sur des critères liés à l'aménagement du territoire et au développement durable. En clair, les refus sont compliqués à l'extrême. Mais ni le président Sarkozy, ni son gouvernement ne font mystère de vouloir multiplier le nombre des grandes surfaces. Un an après l'adoption de la loi, cet objectif est atteint : « *Depuis le 1er janvier 2009, 98 commissions départementales d'aménagement commercial (CDAC) ont été constituées et se sont réunies près de 350 fois en tout.*

Elles ont émis un avis favorable pour 90 % des 568 demandes d'autorisation qui leur ont été soumises (86 % en 2008). La Commission nationale d'aménagement commercial (CNAC) a été constituée et a siégé six fois. Elle a accepté 65 % des 80 projets sur lesquels elle a statué[17]. » Après une période de restriction des constructions commerciales, la machine à autoriser les grandes surfaces se met à fonctionner à plein régime. Michel-Édouard Leclerc peut être satisfait. Le directeur général de Lidl France, lui aussi, se frotte les mains : « *La réforme de l'urbanisme commercial mise en place par la LME a permis à Lidl de doubler ses projets de surfaces commerciales (en m²) par rapport à 2008*[18]. » Même satisfaction du côté du directeur du développement de l'enseigne Leader Price : « *Cette réforme a considérablement facilité l'implantation des magasins. Nous avons désormais un interlocuteur unique pour la délivrance du permis de construire. Nos perspectives d'ouvertures ont triplé*[19]. »

De façon générale, la simplification des ouvertures et des extensions de grandes surfaces n'inquiète pas outre mesure. Les agriculteurs sentent bien un vent défavorable mais à force de crier au loup, ils ont les plus grandes peines à se faire entendre. Le MEDEF et l'UFC, eux, applaudissent sans réserve. À l'exception des socialistes qui, par un curieux renversement de position, se trouvent à défendre le petit commerce tandis que la droite est grisée à l'idée de libéraliser (enfin !) le marché. C'est un tournant amorcé par le gouvernement Balladur en 1986 mais qui s'exprime pleinement en 2007 : la majorité élue dans la foulée de l'élection de Nicolas Sarkozy n'est plus acquise aux petits commerçants mais aux attentes d'une population majoritairement urbaine. Quant aux élus locaux, ils ne s'alarment pas des conséquences que pourrait avoir une explosion des surfaces en périphérie. Ni Centres-Villes en mouvement, ni la Fédération des maires des villes moyennes (FMVM) ne montent vraiment au créneau. Il est vrai que l'État promet une réhabilitation des entrées de villes, ce qui semble au moins aussi important. De son côté, Pascal Madry, directeur des études chez Procos, la fédération des enseignes spécialisées, estime que « *ce n'est pas une libéralisation à tous crins, il y a des garde-fous que sont les CDAC* ». Un sondage réalisé en novembre 2008 achève de rassurer tout le monde en révélant que les Français s'orientent vers le commerce de proximité[20]. Plus de la moitié des personnes interrogées regrettent ainsi le manque de magasins dans leur quartier et acceptent de moins en moins de se déplacer pour faire leurs courses. Alors pourquoi s'inquiéter ?

UNE GUERRE SANS FIN ?

Depuis le changement des règles du jeu, le refus d'une grande surface est toujours possible mais encore faut-il pouvoir le justifier… Et la partie tient à chaque fois de la gageure ! Certes, les critères environnementaux sont loin d'être absurdes. Bien au contraire. Si l'on s'en tient aux textes, l'opportunité du projet doit être jugée à l'aune de sa bonne intégration urbaine et paysagère, de ses conséquences en termes d'artificialisation et d'imperméabilisation des terres, de ses effets aussi sur l'augmentation du trafic automobile et des nuisances. Mais à partir de quel seuil justifier un refus ? C'est tout le problème. Dès 2009, Élisabeth Lamure, sénatrice du Rhône (LR), s'inquiète : « *Les membres des CDAC ne savent pas très bien ce qui peut les autoriser à rejeter un projet d'installation dans la mesure où il n'existe pas de critères ni de normes partagées pour définir les exigences minimales à respecter en matière de développement durable et d'aménagement du territoire*[21]. » Récemment, la loi Pinel a tenté de pallier les dérives de la LME en exigeant que les projets de grandes surfaces contribuent à la revitalisation du tissu commercial et à la préservation des centres urbains, tout en garantissant une proximité de l'offre par rapport aux lieux de vie[22]. Mais comment hiérarchiser cette multiplicité de critères qui finissent par s'empiler et se contredire ?

Pendant ce temps, la guerre des prix continue. Les agriculteurs estiment ne plus pouvoir vivre dignement de leur travail. Dès son élection en 2017, le nouveau président de la République, Emmanuel Macron, s'en est ému et a fait part de sa volonté de corriger des « *prix injustement bas* ». Organisés à son initiative, les États généraux de l'alimentation ont abouti à l'encadrement des promotions et à l'interdiction des prix abusivement bas. À l'exception de Michel-Édouard Leclerc, les acteurs de la grande distribution s'en sont officiellement réjouis. Mais, en attendant le vote de la loi, tous les témoignages concordent : la guerre des prix continue de plus belle. En janvier 2018, Pascal Viné, délégué général de Coop de France (qui représente trois quarts des agriculteurs et 165 000 salariés) note que « *les discussions avec les enseignes commencent par des demandes de compensation de perte de marges sur 2017 !* (…) *Ce premier point est discuté avant même d'aborder les tarifs 2018*[23] ». La « destruction de la valeur » encouragée par une baisse sans fin des prix s'arrêtera-t-elle lorsque les promotions seront effectivement encadrées par la loi ? On peut en douter. Les grandes enseignes conserveront toujours la liberté de ne pas acheter et de s'approvisionner sur les marchés mondiaux si la production française n'est pas compétitive. En fait, sans mesure restrictive sur les implantations, la multiplication des surfaces commerciales et la guerre à laquelle se livrent les enseignes n'ont aucune raison de s'arrêter. Même affaiblis, et contrairement à ce qui est si souvent répété à l'envi, les hypermarchés ont encore de la ressource.

CHAPITRE 2

Non l'hyper n'est pas mort

« Fin 2017, E. Leclerc propose à ses clients 218 Espaces Culturels E. Leclerc, 110 Brico-Jardi-Animalerie E. Leclerc, 113 Auto E. Leclerc, 261 Manèges à Bijoux, (...) 255 Parapharmacies, 114 Une Heure pour Soi, (...) 187 agences de voyages, 350 agences de location de voiture... »

www.mouvement.leclerc, février 2018

À en croire les médias, il n'y aurait plus lieu de s'inquiéter du développement des grandes surfaces. Les consommateurs seraient las de prendre leur voiture, le caddie n'aurait plus la cote, les hypers seraient morts. Si l'on s'en tient aux chiffres, rien n'est plus faux.

Depuis mars 2017, c'est le message martelé par tous les médias et sur tous les tons : l'hypermarché est dépassé, fini, condamné. Un scoop ? Une nouveauté ? Un événement ? Disons plutôt un marronnier. Dans le domaine journalistique, le terme désigne un sujet récurrent, généralement annuel, destiné à booster les ventes ou pallier une actualité un peu faiblarde. Parmi ces sujets, « L'influence des francs-maçons », « Le salaire des cadres », « Le régime de l'été » ou « Le classement des hôpitaux »… Une liste dans laquelle on retrouve depuis une dizaine d'années le thème de « La fin de l'hypermarché ». Dès 2008, Robert Rochefort, directeur du Credoc, annonçait dans *L'Express* « *Le toujours-plus, c'est terminé* (…). *On ne reviendra plus* à *l'hyper consommation et* à *son cortège de gaspillages* ». Ont suivi « La fin de l'hyper consommation » (*Challenge*, 2009), « Les hypermarchés (qui) n'ont plus la cote » (*L'Express*, 2010), « Un concept qui s'essouffle » (*Le Monde*, 2010), « L'hypermarché désenchanté » (*Le Figaro*, 2011), un « Jubilé sur fond de crise pour les hypermarchés » (*Capital*, 2013), un « Effondrement des ventes dans les hypermarchés ! » (*Économie Matin*, 2015), et grand classique parmi les classiques, « La fin des hypermarchés », avec ou sans point d'interrogation (*Challenge*, 2014, *Les Échos*, 2017, *Les Inrocks*, *France Bleu*, etc.). À certains égards, cette « fin de l'hypermarché » relève donc d'un vieux tube dont on ne se lasserait plus.

LE NOMBRE DE GRANDES SURFACES N'A JAMAIS DIMINUÉ

Il est vrai qu'après s'être développé fortement, le marché de la grande distribution est entré dans sa phase de maturité. La dynamique liée à la nouveauté qui consiste à passer de presque rien à quelque chose, cette dynamique-là s'est logiquement tassée au fil du temps. Si le nombre de magasins a été multiplié par cinq dans les années 1970, il n'a été multiplié que par deux dans les années 1980, par 1,6 dans les années 1990, 1,45 dans les années 2000 et, pour l'instant, par 1,25 durant les années 2010. Rien que de très normal. Un démarrage en fanfare puis une courbe qui s'assagit. Pas de décrochage, ni de chute brutale. La crise de l'hypermarché dont nous abreuvent les médias depuis dix ans ne se lit pas dans les chiffres. Sans même parler des surfaces qui se sont considérablement agrandies depuis les années 1970, le nombre de magasins sera passé, l'air de rien, de 1 667 en 2009 à 2 166 en 2017.

ÉVOLUTION DU NOMBRE D'HYPERMARCHÉS PAR ENSEIGNE DEPUIS 2007

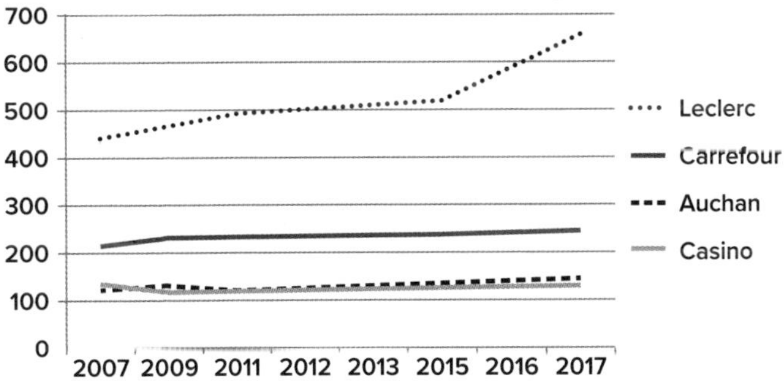

Il faut par ailleurs relativiser le désamour des Français par rapport aux courses alimentaires et aux grandes surfaces. En 2010, 50 % des Français estimaient que faire les courses n'était pas « une obligation gênante » et 30 % jugeaient même qu'il s'agissait d'un « moment agréable ». Ils n'étaient que 20 % à y voir « une corvée »[24]. En 2017, ils étaient encore 46 % à déclarer aimer faire leurs courses alimentaires dans les grandes surfaces[25]. Surtout, en 2011, 72 % des dépenses alimentaires continuaient de se faire en grande surface[26]. Même en admettant que ce chiffre ait un peu diminué (ce qui est probable), il confirme à quel point l'hypermarché reste le circuit de référence pour les courses principales, pour les hommes comme pour les femmes, pour les plus jeunes comme les plus âgés.

UN MODÈLE ARRIVÉ À MATURITÉ

Que l'hypermarché n'exerce plus la fascination des origines ne fait pourtant aucun doute. La société s'est familiarisée avec la consommation, les ménages se sont équipés, l'envie d'acheter des marques s'est substituée à l'envie de s'équiper en nouveaux produits. Cinquante ans après l'ouverture du premier Carrefour, la sortie du samedi en hyper, derrière le caddie, ne fait plus rêver l'immense classe moyenne qui, durant des années, aura fait le succès de l'hypermarché. Épuisée par une terrible guerre des prix, la grande distribution a vu ses marges fondre comme neige au soleil. Le Carrefour de Villiers-en-Bière, navire amiral du groupe en région parisienne, d'une surface de 25 000 m², perd de l'argent. En 2015, il n'affichait que 173 millions d'euros de chiffre d'affaires contre plus de 230 millions d'euros en 2008, soit une perte de près de 60 millions[27]. En cause : la rentabilité des rayons alimentaires, qui s'est littéralement effondrée alors qu'ils génèrent encore aujourd'hui plus de 80 % du chiffre d'affaires de la grande distribution[28]. Grâce à des prix toujours plus bas, les Français dépensent trois fois plus en loisirs et en culture mais deux fois moins pour se nourrir qu'il y a trente ans.

LE CENTRE COMMERCIAL COMME RELAIS DE CROISSANCE

À force de négocier le bout de gras avec les agriculteurs et les industriels pour tenter de compenser cette diminution, les commerciaux des enseignes en sont réduits à rogner l'os des fournisseurs. Il y a bien sûr toujours la possibilité d'acheter à l'étranger à moindre coût mais, même en misant sur cette option, chacun est bien conscient que cette course effrénée au prix finit par trouver ses limites. Passé un certain seuil, la taille de l'hypermarché n'offre plus d'avantage compétitif. Le grand format garantit le choix. Mais le format gigantesque se révèle épuisant et un chouia déprimant. Le paquebot de Villiers-en-Bière n'est que le vingt-et-unième hyper du pays (et le huitième chez Carrefour)[29]. Le plus grand hypermarché Leclerc ne pointe qu'en 25e position[30]. Et en un an, le Top 100 des hypermarchés a perdu près de 210 millions d'euros de chiffre d'affaires, soit l'équivalent des ventes de l'un des dix premiers hypers français[31]. En fait si l'avantage conféré par la taille demeure, il s'est déplacé : ce n'est plus tant l'hyper qui doit être en format géant mais la zone commerciale qui l'entoure.

CARREFOUR PLEURE, LECLERC EXULTE

La guerre des prix a son grand vainqueur, Édouard Leclerc, et son grand vaincu, Carrefour. La libéralisation des prix en 1986 puis la guerre des prix déclenchée en 2008 n'a cessé d'affaiblir le premier au bénéfice du second. Pour contrecarrer son challenger, Carrefour a racheté en 2014 les 800 magasins de Dia France, un réseau de hard discount. Pas de chance pour Carrefour, cette acquisition a coïncidé avec la baisse d'attractivité du hard discount fortement concurrencé par des hypermarchés de plus en plus agressifs sur les prix et proposant une palette bien plus large de références. Comble du paradoxe, à travers l'échec de Dia, Carrefour ne subit donc pas le contrecoup de la crise des hypermarchés mais, au contraire, leur victoire sans partage sur le hard discount. Un scénario que personne n'avait envisagé mais qui rétrospectivement s'explique par une guerre des prix sans pitié.

De fait, Carrefour perd des parts de marché au profit de Leclerc depuis plusieurs années. « *Leclerc est l'enseigne des villes moyennes* », explique Michel-Édouard Leclerc[32]. Des villes moyennes, très sensibles aux questions de pouvoir d'achat, et qui plébiscitent l'engagement de mouvement coopératif sur les prix bas. Résultat : alors qu'E. Leclerc pensait avoir atteint des sommets en 2016 avec 43,4 milliards d'euros de chiffre d'affaires, il enregistre en 2017 des recettes à hauteur de 44,8 milliards d'euros. Cette année-là, Leclerc dépasse Carrefour pour la première fois[33]. C'est un changement historique dans la grande distribution mais surtout le résultat d'une tendance lourde accélérée par la déréglementation du marché français découlant de la loi LME.

CHAPITRE 3

À l'heure des mégazones commerciales

« Les Commissions Départementales d'Aménagement Commercial (CDAC) sont devenues des "machines à dire oui". »

Élisabeth Lamure, sénatrice du Rhône

Si les hypers jugés trop petits continuent d'être agrandis, la priorité est désormais donnée à la taille des ensembles commerciaux qui les entourent. Objectif : être plus gros que ses concurrents immédiats pour offrir aux clients l'offre commerciale la plus complète possible. L'ère des mégazones ne fait que commencer…

« Vous pensez sincèrement que ce que vous faites sert à quelque chose, que ces prises de position en faveur d'une régulation du marché de la distribution ne sont pas d'un autre âge ? » Cette question qui m'a été posée avec une pointe de condescendance mêlée d'amusement par le

responsable d'une grande chaîne de la distribution a toutes les apparences d'une leçon de réalisme. Combien de fois me suis-je demandé si mes prises de position pour un encadrement de la distribution avaient des chances d'être entendues ? Combien de fois ai-je été tenté de passer à autre chose, de privilégier d'autres combats, d'autres passions ? Combien de fois, aussi, suis-je revenu à cette conviction : cette guerre absurde des grandes surfaces ne peut pas rayer de la carte des villes qui ont mis des siècles à se bâtir. L'Europe n'est pas l'Amérique. Outre-Atlantique, les centres-villes n'existent pas sinon dans quelques rares métropoles (New York, Chicago, San Francisco). À défaut, les *malls* constituent les seuls lieux où l'immense majorité des Américains peut faire ses achats. Ce modèle peut connaître des crises cycliques, il n'en reste pas moins, et par la force des choses, un élément-clé de la culture et du mode de vie américain. En France, la question se pose en des termes très différents. Elle n'est pas de savoir si les centres commerciaux sont condamnés – à l'évidence, ils ne sont pas prêts de disparaître – mais si, comme aux États-Unis, ils vont finir par se substituer aux centres-villes.

En réalité, si le rythme des ouvertures ralentit, l'invasion des grandes surfaces, elle, n'est pas terminée. Elle ne fait que commencer. Même si les nouvelles implantations représentent encore la majorité des nouveaux mètres carrés au niveau national, les demandes d'extension constituent désormais le principal objectif des opérateurs. Lors du Mapic 2016, le salon international de l'immobilier commercial, le directeur général de la foncière Patrimoine & Commerce (groupe Duval) l'avait du reste clairement annoncé : la priorité est désormais à « *la rénovation ou l'extension des équipements plutôt qu'à la création* ex nihilo *de nouvelles zones commerciales* ». Objectif : être plus gros que ses concurrents immédiats pour offrir aux clients l'offre commerciale la plus complète possible.

LA COURSE EN AVANT

Selon une étude réalisée par l'Institut des Territoires, cette tendance se confirme dans les autorisations de construction sur la période 2015-2017[34]. L'avenir est aux mégazones alors que les extensions des « plus petits » hypermarchés se poursuivent. Et, pour l'instant, rien ne s'y oppose. Au contraire. Pour reprendre le mot utilisé par une sénatrice du Rhône, les Commissions Départementales d'Aménagement Commercial chargées d'autoriser ou non les nouveaux mètres carrés commerciaux sont plus que jamais des « machines à dire oui » avec un pourcentage moyen de dossiers acceptés de 84 %. La pression est particulièrement forte dans la région Hauts-de-France. Les départements du Nord et du Pas-de-Calais arrivent en tête au niveau national pour le nombre de dossiers acceptés entre 2015 et 2017 : pas moins de 88 pour l'un et de 62 pour l'autre. Le nombre d'autorisations de construire est également supérieur à 60 en Bretagne avec le Morbihan, l'Ille-et-Vilaine et le Finistère de même que dans le Sud avec les Bouches-du-Rhône, la Haute-Garonne et l'Hérault, huit départements auxquels il faut ajouter ceux de la région Pays de la Loire. Cette pression des grandes surfaces n'est pourtant pas justifiée par le dynamisme démographique. Les départements qui ont connu la plus forte progression de leur population depuis 2013 sont le Rhône et l'Aude ainsi que dans une moindre mesure la Haute-Savoie. Or les dossiers déposés dans ces trois départements ont été respectivement de 30, 16 et 38. Des chiffres en moyenne deux fois moins élevés que dans les départements qui connaissent, eux, un nombre important de demandes. À titre d'exemple, le Nord et le Pas-de-Calais qui ont cumulé à eux seuls 150 nouvelles autorisations ne figurent qu'au 54e et 59e rang des départements les plus dynamiques démographiquement. Ils sont en revanche parmi les plus peuplés de France. En d'autres termes, les opérateurs de grandes surfaces ont choisi de concentrer leurs efforts dans les départements les plus peuplés et non sur ceux dont la démographie justifierait de compléter l'offre commerciale.

LE NORD : UN DÉPARTEMENT SOUS PRESSION

L'étude du département du Nord, leader incontesté en matière de nouvelles surfaces commerciales, est particulièrement éclairante pour comprendre les stratégies mises en œuvre. En premier lieu, les nouvelles zones et les nouveaux magasins ne représentent plus que 27 % des demandes d'autorisation soit une infime minorité. Non seulement il ne se crée plus d'hypermarchés mais les projets de nouveaux centres commerciaux ont de plus en plus de mal à passer lorsqu'ils font l'objet d'une demande. En revanche, les extensions représentent désormais 73 % des demandes. Si les plus grands magasins du groupe Auchan sont dans le Pas-de-Calais, l'enseigne investit fortement dans le Nord pour défendre un de ses bastions historiques. L'enseigne nordiste a ainsi demandé et obtenu l'extension des hypermarchés de Louvroil et de Roncq ainsi que l'agrandissement de ses centres commerciaux de Faches, Sequedin et Lys-Lez-Lannoy.

INTERMARCHÉ AGRANDIT SES MAGASINS, LECLERC SES ZONES COMMERCIALES

Ces extensions ne répondent pas, comme nous l'avons vu, au dynamisme démographique du département. Pour comprendre ce paradoxe, il faut plutôt se tourner vers la concurrence de plus en plus vive des deux grands réseaux coopératifs français, Intermarché et Édouard Leclerc. En 2015, Intermarché a obtenu d'agrandir ses magasins de La Gorgue, de Douchy-les-Mines, Tilloy-lez-Cambrai, Bailleul, Coudekerque-Branche, Somain et Le Quesnoy sans compter l'agrandissement de son ensemble commercial de Quarouble. Leclerc n'est pas en reste. Mais sa stratégie vise dans le Nord, comme à l'échelon national, non pas à agrandir ses hypermarchés mais à les doter des zones commerciales les plus étendues possible. Si la création d'un nouvel ensemble commercial s'est heurtée à une fin de non-recevoir à Feignies, les magasins Leclerc ont en revanche obtenu l'autorisation d'étendre leurs ensembles commerciaux de Bellaing et Dunkerque, Quaëdypre et Caudry.

DES MÉGAZONES QUI ASPIRENT LES CLIENTS DES CENTRES-VILLES

Alors que la population du Nord stagne depuis le début des années 2000, ce département est finalement l'exemple même d'un marché où chaque acteur tente de l'emporter sur ses concurrents, non plus grâce à l'ouverture de points de vente supplémentaire, mais grâce à la taille de plus en plus importante des zones commerciales. Pour l'instant, cette concurrence acharnée s'est traduite par la perte de rentabilité des grands groupes intégrés que sont Auchan et Carrefour et la montée en puissance des groupements coopératifs que sont Leclerc et Intermarché. Cet affrontement n'occasionnera pas de fermetures tant que les nouveaux mètres carrés pourront gagner de nouveaux clients au détriment des commerces de centres-villes. Mais qu'adviendra-t-il quand les centres-villes auront été rayés de la carte commerciale ? On le devine, même si personne ne veut encore le dire ouvertement : cela fera mal. Très mal, même. Pour l'heure, les acteurs de la distribution estiment ne pas avoir d'autre choix tandis que les foncières, qui gèrent et construisent les ensembles commerciaux, elles, se frottent les mains.

DEUXIÈME PARTIE

Une faim sans limite

CHAPITRE 4

Le monde des foncières

« Les foncières de centres commerciaux cotées en Bourse ont publié leurs comptes pour 2017. Le contraste est frappant entre leurs bons résultats financiers et la situation moins éclatante du commerce en France. »

Vincent Lepercq, *Les Échos*

En matière de commerce, le business le plus lucratif ne consiste plus à vendre des produits mais à louer des murs à ceux qui vendent. Sur ce marché méconnu, les entreprises les mieux placées sont aussi puissantes que les enseignes de la grande distribution.

En France, cela fait longtemps que la survie du commerce de proximité ne pèse pas lourd aux yeux de notre puissant ministère de l'Économie. Il faut dire qu'après avoir inventé les hypermarchés, notre pays est devenu champion d'Europe des centres commerciaux. À eux seuls, ces deux secteurs pèsent respectivement 110 milliards et près de 130 milliards d'euros, soit plus que l'agriculture et l'agroalimentaire, et beaucoup plus que 90 % de petits commerçants désunis qui ne réalisent péniblement qu'un tiers du chiffre d'affaires total du commerce de détail et représentent moins de la moitié des emplois du secteur[35]. On comprend dans ces conditions que le point de vue du patron d'une chaîne de la grande distribution ou d'un groupe de centres commerciaux, quel qu'il soit, ait d'emblée plus de portée que n'importe quel syndicat professionnel de commerçants.

L'idée d'héberger différentes boutiques dans un espace géré par un propriétaire unique nous vient des États-Unis. Et cela ne doit rien au hasard : les centres commerciaux américains, les *malls*[36], remplissent la fonction de centres-villes qui, à quelques exceptions près (New York, San Francisco, Chicago), n'existent pas dans ce pays urbanisé tardivement. À défaut, c'est donc dans les centres commerciaux que les Américains sortent pour la première fois sans leurs parents, se donnent rendez-vous entre amis, fêtent leurs anniversaires, passent parfois même des journées entières. En dépit de la crise qui a effacé de la carte des États-Unis les centres commerciaux les moins performants[37], le *mall* est apprécié pour sa facilité d'accès et de stationnement mais aussi pour sa propreté et sa sécurité, sans parler, bien sûr, de la diversité des boutiques, et il est rare qu'une ville moyenne n'en ait pas au moins un dans un rayon de dix kilomètres[38].

DES ENTREPRISES AUSSI PUISSANTES QUE MÉCONNUES

L'Europe, elle, a des centres-villes. Alors à quoi bon des centres commerciaux ? C'est en tout cas l'idée qui a prévalu jusqu'à la fin des années 1960. Avec l'essor du prêt-à-porter, l'idée de proposer aux nouvelles enseignes des lieux exclusivement dédiés au shopping s'impose rapidement. En 1969, ouvre la première galerie commerçante française d'un hypermarché, à Englos-les-Géants dans la banlieue lilloise suivie du premier centre commercial de province, Cap 3 000 (en référence au nombre de places de parking), entre la ville et l'aéroport de Nice, puis du premier centre commercial francilien, au Chesnay, près de Versailles, Parly II (ainsi nommé faute de pouvoir s'appeler « Paris II » face à l'opposition des élus de la capitale). Lorsque la construction du Forum des Halles est lancée à Paris en 1974, la France compte déjà 230 centres commerciaux équivalent à 5 millions de mètres carrés[39]. Aujourd'hui, notre pays en dénombre plus de 800 hébergeant 36 000 magasins, le tout représentant un quart du chiffre d'affaires et des emplois du commerce de détail[40]. Moyennant une croissance deux fois plus rapide que la progression du pouvoir d'achat, c'est quasiment tout le territoire qui a été couvert en moins de vingt ans.

Derrière le business florissant des centres commerciaux, deux entreprises françaises, Klépierre – détenu en partie par Simon, le roi des *malls* américains –, et Unibail-Rodamco-Westfield – autre géant mondial – sont à la tête de véritables empires du shopping. Altarea Cogedim né du Gerec, un petit bureau d'études, fait aussi partie du peloton de tête. Ces géants de l'immobilier – on parle de *foncières* – construisent des centres commerciaux et louent aux enseignes les boutiques que les professionnels surnomment les « coques ».

LES TROIS GRANDES FONCIÈRES FRANÇAISES

En dépit de périodes plus ou moins fastes, la France peut s'enorgueillir de compter quelques-uns des plus grands constructeurs et gestionnaires de centres commerciaux :
Klépierre, Unibail-Rodamco-Westfield, Altarea Cogedim.

Tandis que Simon règne sur les États-Unis, les deux entreprises françaises se partagent l'Europe avec l'Anglais Land Securities Group. Klépierre détient en France 177 centres commerciaux dont Créteil Soleil, Val d'Europe situé à moins de 5 km du parc Disneyland Paris, Odysseum à Montpellier, Marseille Grand Littoral. Premier bailleur européen de H&M, McDonald's ou Sephora[41], l'entreprise est propriétaire d'un patrimoine estimé à près de 24 milliards d'euros fin 2017[42]. En comparaison, l'autre poids lourd du secteur, Unibail possède les centres les plus performants d'Île-de-France. En 2016, trois de ses unités (Les Quatre Temps, Le Forum des Halles, La Part-Dieu) figuraient parmi les dix centres commerciaux les plus visités de France[43]. Après le rachat de l'américain Westfield en 2017, la valeur du nouvel ensemble est estimée à plus de 61 milliards d'euros (à titre de comparaison, la valeur des centres commerciaux de Carrefour ne se monte qu'à 5,3 milliards d'euros)[44].

MACHINES À CASH

Aussi étonnant que cela puisse paraître, la recette du succès de ces formidables machines à cash est relativement simple. En France comme ailleurs, quoiqu'un peu plus qu'ailleurs, le rapport de force entre les différents acteurs économiques est nettement en faveur de la grande distribution et des foncières. Dominant le commerce de détail par leur puissance de feu, les foncières dictent leurs conditions aux enseignes comme les hypermarchés imposent leurs prix aux agriculteurs et aux industriels. Leur *business model* repose sur trois piliers fondamentaux : une gestion centralisée des centres, des loyers élevés et la mise en chantier permanente de nouveaux centres.

L'unité de commandement de l'espace commercial constitue la grande force des centres commerciaux. Alors que les commerçants indépendants de centres-villes sont dans l'incapacité de s'unir et de se coordonner pour engager des actions communes, dans un centre commercial, les règles du jeu sont fixées et acceptées d'emblée[45]. Les commerçants payent pour qu'un gestionnaire se charge d'entretenir les parties communes et d'engager des actions de promotion commerciales en leur nom à tous. Mieux, à la différence d'un centre-ville où les commerces s'installent au fil des opportunités, le centre commercial est le fruit d'un savant dosage entre deux à trois enseignes locomotives, chargées de faire venir les clients là plutôt qu'ailleurs, des enseignes nationales répondant aux besoins d'équipement de la personne et de la maison, et enfin des enseignes plus qualitatives destinées à donner un peu d'originalité à un univers somme toute extrêmement standardisé.

Les loyers élevés n'ont pas seulement l'avantage de faire entrer de l'argent dans les caisses des foncières. En période de croissance, ils permettent de pousser les canards boiteux vers la sortie pour les remplacer par des enseignes plus rentables qui entretiennent la nouveauté et la curiosité du client. En période de crise, les secteurs du commerce de détail souffrent rarement tous de la même façon. Les mieux portants compensent ceux qui sont les plus touchés. Et quand la fréquentation connaît une baisse qui risque d'entraîner le départ des meilleurs commerces, les loyers peuvent exceptionnellement être « adaptés ».

Si les enseignes acceptent des conditions aussi draconiennes, ce n'est pas par masochisme mais parce que les centres commerciaux leur garantissent un chiffre d'affaires supérieur à la moyenne nationale du commerce de détail. Autrement dit, mieux vaut payer plus cher que d'avoir un pas-de-porte dans la rue commerçante d'un centre-ville. Dans un centre commercial, au moins, l'environnement est garanti et stable. Tout y est propre et sûr. La concentration des commerces attire le chaland. Et, en plus, le parking est juste à côté. Menacer de plier bagage serait à peu près aussi ridicule – ou suicidaire – qu'imaginer Danone se passer de Carrefour. Toutes les marques et les enseignes rêvent de distribuer en direct – par le biais d'Internet par exemple ; mais en dépit des discours sur le digital, elles en sont très loin.

Dernier point – et non des moindres –, le *business model* des foncières repose sur la mise en chantier permanente de nouveaux centres. Pour construire, la valeur de leur patrimoine indexée sur le montant des loyers les autorise à recourir massivement au crédit. Actuellement, le taux moyen d'endettement correspond à environ 50 % des actifs alors qu'il frôlait les 60 % en 2007[46]. Dans un contexte de crédit bon marché où les taux d'intérêt des prêts sont inférieurs aux taux de rendement de l'immobilier, c'est du pain béni.

Avec un taux de rentabilité de plus de 10 % sur les quarante dernières années, les foncières cotées arrivent nettement en tête du palmarès des performances[47], devant les placements monétaires, l'assurance-vie, les obligations, les actions ou l'or. Les performances sont particulièrement impressionnantes dans l'urbanisme commercial. Le secteur a littéralement explosé depuis la création des sociétés d'investissement immobilier cotées (Siic) en 2003, un régime sociétaire qui les exonère d'impôt sur les sociétés pour peu qu'elles reversent au moins 95 % de leurs loyers et 60 % de leurs plus-values aux actionnaires.

LA GRANDE DISTRIBUTION S'Y EST MISE

Le marché des centres commerciaux est à ce point porteur qu'après avoir négligé les opérations immobilières, la grande distribution alimentaire et spécialisée s'y est mise à son tour.

Des filiales sont aujourd'hui chargées de développer, rénover et gérer les murs des hypermarchés et des magasins spécialisés dans l'équipement de la maison mais aussi, surtout, de développer des commerces autour. C'est Ceetrus (ex-Immochan) pour Auchan, Mercialys pour Casino, Fongaly pour Cora, Carmilla pour Carrefour. Monnayant sa capacité à drainer les foules, Ikea a lui aussi créé sa filiale immobilière, baptisée Ikea Centres. En 2015, son directeur annonçait un investissement de trois milliards d'euros dans la construction de 20 centres commerciaux venant s'ajouter aux 45 centres commerciaux que l'entreprise gère en Europe, en Russie et en Chine. Avec un objectif : passer de 460 millions à plus d'un milliard de visiteurs en 2025. À elles seules, la Chine et la Russie représentent la moitié du parc mais l'Europe constitue un terrain de jeu dont Ikea n'entend pas être absente. En France, le premier centre commercial de l'enseigne, Ametzondo, a ouvert ses portes en 2016 à Bayonne avec pour objectif de drainer une zone de chalandise de 1 260 000 clients. Deux autres centres très contestés sont programmés à Caen en partenariat avec Édouard Leclerc, à proximité du Mans.

LE *MERCATO* EST TRÈS ACTIF

Les uns vendent, les autres achètent, chaque foncière s'efforçant de financer sa croissance et de rationaliser des portefeuilles parfois disparates. Entre 2012 et 2016, Klépierre a presque doublé son capital en vendant un tiers de ses centres. Au cours de la même année Immochan (groupe Auchan) s'est lui aussi délesté de plusieurs centres en encaissant 160 millions d'euros. D'autres acteurs ont de leur côté profité de ces mouvements de capitaux pour élargir leurs portefeuilles, à l'image de Mercialys (Groupe Casino) qui a acquis 472 millions d'euros d'actifs en 2013. Les années 2013 et 2014 ont été des années de restructuration du secteur et de nettoyage des portefeuilles : polissage des bijoux de famille – les machines à cash que sont les premiers gros centres –, marketing sur les nouveaux qui peinent souvent à démarrer. Les petits souffreteux ont été vendus à qui voulait bien les acheter, en l'occurrence des poids moyens. Cette période de cessions et acquisitions a conduit à une bipolarisation du marché. Les grandes foncières comme Unibail-Rodamco, Klépierre ou Altarea Cogedim, se sont recentrées sur les plus gros centres, dits « régionaux » ou « dominants », pour augmenter leur force de frappe commerciale. Les foncières moyennes ont souffert tandis que les acteurs spécialisés sur les zones commerciales se portent, eux, globalement bien. Les filiales des groupes de distribution (Auchan, Carrefour, Casino...) ont fait le choix de la proximité en rachetant ou en agrandissant des hypermarchés et des galeries marchandes adossées à leurs propres implantations. Pour la grande distribution et la distribution spécialisée, cette évolution qui consiste à commercialiser l'attractivité de l'enseigne auprès d'autres enseignes est même devenue une question de survie. Pour une raison simple : la guerre des prix a fait fondre les marges.

CHAPITRE 5

La ruée vers la périphérie

Faut-il limiter le développement des centres commerciaux en périphérie des villes ?
86 % oui, 14 % non.

Sondage *Le Figaro* du 14 décembre 2017, 49 958 votants

Dans le commerce c'est bien connu, le plus important c'est l'emplacement. Et pour les centres commerciaux, le meilleur emplacement, maintenant, c'est dans les champs…

Si les habitants des métropoles imaginent volontiers que tous les commerces s'épanouissent dans les centres-villes, les provinciaux, eux, savent d'expérience que le plus simple consiste à faire ses courses en périphérie. Il faut une sacrée dose de mauvaise foi ou de mauvaise conscience, voire les deux, pour tenter de relativiser cette réalité comme s'y emploie le délégué du Conseil National des Centres commerciaux, Gontran Thuring, lorsqu'il fait état d'« *un cinquième des centres commerciaux situés en centre-ville* » et d'une densité française « *dans la moyenne européenne, entre le Royaume-Uni et le Portugal* »[48].

RECENSEMENT CODATA DES PROJETS

	CRÉATION			EXTENSION			
Zone urbaine	10	6 %	15 %	17	12 %	26 %	
Zone périurbaine	15	8 %	58 %	3	2 %	12 %	
Zone périphérique	155	86 %	53 %	124	86 %	42 %	
TOTAL	180		47 %	144		37 %	

La réalité des chiffres est autrement plus alarmante.

En France, les ensembles commerciaux se situent aujourd'hui très majoritairement en périphérie et captent une part croissante de la clientèle des centres-villes. Sur les 3 780 sites commerciaux (centres commerciaux et zones commerciales) que compte la France, 83 % se situent en « zone périurbaine » et en « zone périphérique »[49]. Et cela ne promet pas de s'arranger puisque plus de 90 % des projets commerciaux autorisés sont en zones périurbaines et périphériques selon le recensement Codata au 1er mars 2017 !

Cela n'interdit pas l'implantation de centres commerciaux en centres-villes mais ce type d'implantation est devenu ultra-marginale. Aujourd'hui, ce sont d'ailleurs ces équipements commerciaux qui souffrent le plus. Trop petits et trop compliqués à racheter, très difficiles à rénover et surtout à agrandir. Au point que seule une infime minorité des projets actuels de création concernent les centres-villes malgré l'embellie significative du marché en 2016.

COMMERCIAUX AU 1ER MARS 2017

	RÉNOVATION			TRANSFERT			TOTAL	
	39	68 %	59 %	0	0 %	0 %	66	17 %
	7	12 %	27 %	1	20 %	4 %	26	7 %
	11	19 %	4 %	4	80 %	1 %	294	76 %
	57		15 %	5		1 %	386	

BOMBES ASPIRANTES DE CENTRES-VILLES

Pendant longtemps, les promoteurs ont défendu l'idée d'une absence de concurrence entre le commerce de périphérie et le commerce de centre-ville. Beaucoup d'élus ne demandaient qu'à y croire et les commerçants eux-mêmes préféraient voir de grandes enseignes s'implanter loin de leur pas-de-porte, en périphérie, au motif qu'un concurrent éloigné était soi-disant un concurrent moins dangereux. Dans les faits, cet axiome est loin de se vérifier systématiquement. Certains commerces, dans l'habillement ou la restauration par exemple, fonctionnent bien dans une même rue ou un même secteur. Mieux vaut en fait miser sur une concentration de la concurrence en centre-ville car un centre commercial ou une enseigne fortement attractive située en périphérie détourne toujours mécaniquement et souvent de façon irréversible une partie de la clientèle du centre-ville. On peut même parler de bombe aspirante. Si l'on raisonne en temps de trajet, dans un rayon de 10 minutes, la surface peut attirer 90 % des clients de la zone de chalandise. Jusqu'à 30 minutes, le taux de pénétration peut osciller entre 40 et… 70 %. Si l'on raisonne en distance, les clients n'hésitent pas

LES MÉTROPOLES NE CONNAISSENT PAS LA CRISE

La guerre des zones commerciales a beau mettre des villes sur les genoux et des paysages sens dessus dessous, la population des métropoles se fait une image bien différente de celle que nous venons de dessiner. Pour elle, la crise des centres-villes n'existe pas, les hypermarchés sont déjà morts et le commerce de proximité fait son grand retour à travers la multiplication des Monoprix, Carrefour Market et autres U Express…

Plus encore que les nouvelles habitudes de consommation et de déplacement souvent invoquées pour expliquer le phénomène, c'est surtout l'augmentation spectaculaire du prix du mètre carré de l'immobilier qui a favorisé une surconcentration des classes supérieures dans les centres-villes. Sans cet embourgeoisement des quartiers centraux, la reconversion de Monoprix n'aurait jamais marché et la stratégie des formats citadins développés par les autres groupes de la grande distribution se serait révélée proprement suicidaire.

Aujourd'hui, ces petits et moyens formats concernent un marché ultra-visible mais ultra-minoritaire : la population aisée des centres-villes des métropoles. S'il en était besoin, un chiffre ramène le phénomène à sa juste mesure : 38 % des Français seulement se rendent dans ce circuit au moins une fois par an, selon Nielsen. Et pour cause : quand le panier moyen de Monoprix est de 362 euros, celui d'U Express n'est que de 334 euros, celui de Simply Market de 330 euros, celui de Géant Casino de 300 euros et celui de Leclerc est de 295 euros seulement.

à faire 100 km pour acheter chez Ikea. C'est dire la puissance d'attraction que peuvent avoir des enseignes aussi célèbres ou des zones commerciales offrant une gamme d'enseignes particulièrement recherchées. Bien sûr, les promoteurs prennent en compte d'autres paramètres, et en premier lieu la concurrence. Plus le nombre de zones commerciales aux alentours est important, plus il faut investir – et plus la qualité des accès en voiture constitue un point central[50]. Au début, les clients peuvent ne se déplacer que pour une enseigne phare mais, au fil du temps, ils optimisent leur déplacement avec d'autres achats avant finalement de perdre l'habitude de faire leurs courses en centre-ville. Les acteurs du marché savent tout cela d'expérience : les clients ne font pas longtemps leurs achats courants dans deux lieux différents. Autrement dit le marché ne se partage pas : il se prend au maximum.

L'OUEST HÉRAULT PLOIE SOUS LES PROJETS

Alors que le département de l'Hérault compte d'ores et déjà 40 % de surfaces commerciales de plus que la moyenne nationale, les annonces de nouvelles zones commerciales ne cessent de se multiplier dans la région[51]. ZAC de la Méridienne, Pôle Bonneterre, ZAC Bastit, Galerie Oppidum, ZAC de la Capucière... Les demandes d'autorisations se sont accumulées ces dernières années. À Agde, la municipalité vient de lancer un projet pharaonique du nom de « Agde Ambition 2020 ». Derrière ce titre quelque peu grandiloquent, un chantier consistant purement et simplement à déplacer à l'entrée du Cap d'Agde, le casino de la ville et à construire à proximité, un palais des Congrès ainsi qu'une « rue commerçante » (bien évidemment). Un futur pôle d'attractivité en face duquel le centre-ville d'Agde résistera difficilement, même avec son patrimoine historique et le sourire de ses commerçants. À Pézenas, c'est le projet Bonneterre, un pôle « ludico-commercial » qui sort des cartons en 2009. Jusqu'à présent, les commerçants piscénois ont réussi à empêcher sa concrétisation, en multipliant et en gagnant les recours contre un projet qu'ils jugent absolument inutile. Il faut dire qu'avec 90 000 m² pour 8 000 habitants, ce futur centre commercial est totalement déconnecté des besoins de la population.

Quant à Béziers, ce ne sont pas non plus les projets qui manquent, avec l'arrivée possible de trois nouvelles zones commerciales aux portes de la ville. La première, une galerie Hyper U de 8 500 m² sur la zone des Brégines, a été refusée grâce au recours déposé par les commerçants. La deuxième, un centre commercial de 12 000 m² baptisé Oppidum, a quant à elle obtenu son autorisation en CDAC en 2016, malgré l'opposition des élus et des commerçants… qui ont donc fait appel de la décision. La dernière zone commerciale qui pourrait prochainement voir le jour se situe sur la ZAC de la Méridienne. Une ZAC créée à l'origine pour accueillir des activités logistiques… et qui se transforme petit à petit en zone commerciale. Decathlon a obtenu de s'y installer. Leroy Merlin, aussi. La vente des terrains fait rentrer de l'argent dans les caisses de l'agglomération mais suscite l'inquiétude des commerçants biterrois : « *Ces deux grandes surfaces représentent une concurrence terrible non seulement pour les petits magasins de sport et de bricolage installés dans nos villages, mais aussi pour tous nos commerces. Lorsque deux locomotives de la sorte s'implantent sur une ZAC, vous pouvez être sûr qu'en quelques années, voire en quelques mois, d'autres enseignes les suivront... jusqu'à ce que cette ZAC devienne une immense zone commerciale qui achèvera définitivement les centres-villes de Béziers et des alentours.* »

DE LA TERRE PEU CHÈRE REVENDUE À PRIX D'OR

Le marché des zones commerciales ne se porterait pas si bien s'il n'y avait pas des vendeurs de terrains. Et de ce côté-là encore, la crise ne refroidit pas le marché, elle l'emballe.

En dépit d'une forte augmentation des prix dans les années 2000, la terre hexagonale reste une denrée bon marché et abondante. Elle peut donc être achetée facilement et revendue à prix d'or pour des opérations immobilières privées. Les marges sont potentiellement énormes pour les villes. Il est vrai que dans une période où leurs recettes fondent comme neige au soleil, cette perspective a de quoi les séduire : elle est simple à mettre en œuvre et peut rapporter très gros.

Aujourd'hui, un mètre carré de terre agricole vaut moins d'un euro. Quand une collectivité se propose de le racheter pour dix euros, il est rare que le propriétaire refuse, *a fortiori* s'il rencontre des difficultés ou s'il n'est plus très loin de la retraite. Une fois passé dans l'escarcelle de la ville, le terrain devient constructible, un changement de statut qui augmente considérablement sa valeur. Acheté dix euros, le mètre carré peut être vendu cent euros, généralement plus s'il s'agit de construire un centre commercial. Dans ce cas, le mètre carré construit aura de nouveau multiplié sa valeur par dix pour atteindre une valorisation de mille euros ! Autant dire qu'avec des marges aussi confortables, les villes ne sont pas toujours très regardantes sur la nature et l'impact environnemental des projets. Quant à leur impact sur le commerce du centre-ville, n'en parlons pas ! L'essentiel c'est de vendre vite et si possible le plus cher possible. En plein champ, tout est tellement plus simple.

Avec des marges aussi confortables, la périphérie peut constituer une très bonne affaire pour les foncières et la grande distribution, sans les complications techniques et réglementaires inhérentes à la construction en milieu urbanisé. Avec un risque limité si on excepte l'opposition de quelques irréductibles amoureux des prés et des vaches toujours prêts à déposer recours sur recours devant les tribunaux. Mais quand on a de bons juristes et un patrimoine dont les loyers permettent de patienter, ce genre de perspectives n'effraie pas. De l'espace, une bonne desserte, pas trop de concurrence à proximité. De 1 euro à 1 000 euros... Quel secteur d'activité offre de tels retours sur investissements ? Ne cherchez pas : il n'en existe pas.

CHAPITRE 6

La nouvelle tendance : les centres commerciaux de plein air

« Les zones construites dans les années 1980-1990, qui ressemblent à une accumulation de "boîtes à chaussures", ne répondent plus aux attentes des consommateurs. Pour rester une destination commerciale forte, elles doivent être réaménagées, parfois agrandies. »

François Vuillet-Petite, DG du groupe Immobilière Frey, juin 2012

Has been *les centres commerciaux au cœur des grandes agglomérations tels que Les Quatre Temps, Le Forum des Halles ou encore La Part-Dieu ? Peut-être pas mais ce sont désormais les* retail parks, *ces centres commerciaux à ciel ouvert situés aux entrées de ville, qui ont le vent en poupe.*

Les zones commerciales sont apparues dans les années 1980. Près de 150 ont ouvert entre 2006 et 2015[52]. Surface moyenne : 14 000 m². Il y a quelques années, la différence entre les centres commerciaux et les zones commerciales était simple et nette : les centres commerciaux logeaient les enseignes sous un même toit et assuraient la gestion de l'immobilier, les zones commerciales faisaient cohabiter des hangars dans un « parc d'activité », à charge pour chaque enseigne de gérer son local et son parking.

Chacun de ces formats correspondait à un type d'enseigne : les centres commerciaux accueillaient des magasins moyen/haut de gamme, les zones commerciales regroupaient sur un même site des grandes et moyennes surfaces positionnées sur l'entrée de gamme, comme Babou, Kiabi, Chaussland ou bien des grandes surfaces de bricolage ou de meubles qui, drainant trois fois moins de clients qu'une enseigne alimentaire tout en ayant besoin d'énormément de surface, avaient intérêt à se regrouper dans ces parcs d'activité. Selon un responsable de Patrimoine & Commerce, aujourd'hui première foncière des *retail parks*, ces zones présentaient une double particularité : un « *taux d'occupation exceptionnellement élevé (98 %) mais aussi un panier moyen du visiteur trop faible (23 euros) pour qu'Internet soit une concurrence* ». Enfin, ça, c'était hier. Car après avoir été accusés d'enlaidir les entrées de villes, les promoteurs proposent des opérations exemplaires. D'ailleurs, les foncières et les élus ne parlent plus de zones mais de *retail parks*, autrement dit de centres commerciaux à ciel ouvert. Avec une ambition : attirer des enseignes « plus qualitatives » telle que Camaïeu, Sergent Major, Esprit, Celio et même Sephora, H&M, Nike ou Swarovski.

L'ÈRE DES *RETAIL PARKS*

Ouvert dans la périphérie d'Angers en 2012, L'Attol, réalisé et géré par la Compagnie de Phalsbourg, tire son nom de son enveloppe circulaire en métal perforé blanc. De l'extérieur, aucune enseigne n'est visible. À l'intérieur, l'ensemble présente l'apparence d'un centre commercial même si l'accès à chaque magasin se fait par l'extérieur. Pour le directeur de la communication de la Compagnie, L'Attol est une « *étape charnière dans la conception du commerce de périphérie contre la fatalité de la laideur* ».

Même souci déclaré de faire du beau du côté de Steel à Saint-Étienne, un pôle commercial réalisé et géré par Apsys. Situé à la principale entrée de l'agglomération et visible depuis l'autoroute A72, ce *retail*, tout d'aluminium vêtu, prétend lui aussi trancher avec la pauvreté architecturale habituelle du genre. Apsys présente son projet comme « le Beaugrenelle du *retail park* » – Beaugrenelle étant un centre commercial dans le 15e arrondissement de Paris récemment rénové – et n'hésite pas à évoquer « *une architecture spectaculaire, qui épouse les lignes du paysage stéphanois* » servie par « *un design puissant* ». C'est dire... Le Conseil National des Centres commerciaux a même créé un label, Valorpark afin de revaloriser l'image de l'immobilier de périphérie et des « entrées de ville ».

LES CENTRES COMMERCIAUX TRADITIONNELS DANS LE VISEUR

Moyennant un foncier par définition bien moins cher qu'en milieu urbain et des accès routiers beaucoup plus faciles, le succès semble assuré. Les enseignes sont séduites par des loyers 30 % à 60 % moins élevés que dans les centres commerciaux traditionnels avec, à la clé, autant de clients sinon plus. À Saint-Étienne, alors même que la demande de permis de construire vient tout juste d'être déposée, la société Apsys l'assure, « *pour chaque surface disponible, nous recevons actuellement entre deux ou trois propositions*[53] ». L'important pour les enseignes, insiste Éric Duval, président du groupe éponyme, « *c'est la maîtrise des coûts. En* retail park, *elles trouvent plus de surfaces, ce qui leur permet d'avoir plus de références en magasin donc un CA plus élevé, pour un coût immobilier bien plus faible et un trafic quasi équivalent à celui de la galerie. Les loyers se situent sur une moyenne de 113 € du mètre carré, contre 256 € en galerie*[54] ». Faut-il parler de centres commerciaux du pauvre ou de zones commerciales de luxe ? Une chose est sûre, les *retail parks* connaissent en 2016 une progression beaucoup plus forte que les centres commerciaux traditionnels, notamment dans les petites agglomérations[55]. Sur les cinq prochaines années, ce format pourrait même avoisiner les 2 millions de mètres carrés[56]. Pas mal pour des zones périphériques vouées aux gémonies et jugées dépassées il n'y a pas si longtemps…

Patrimoine & Commerce, Altarea, Frey (un indépendant détenant et gérant un milliard d'actifs), Compagnie de Phalsbourg... Tous les acteurs du marché se frottent les mains. Le potentiel du marché est tel que la grande distribution s'y est mise. Plutôt que de laisser leurs concurrents tirer profit de l'attractivité de leurs hypers, Immochan, la foncière d'Auchan rebaptisée Ceetrus ou encore l'ancienne foncière Carrefour Property Development devenue Carmilla sont dédiées à la réalisation de *retail parks*. Plusieurs de ces formats sont ainsi prévus à Cap Saran (45), Rambouillet (78) et Saint-Égrève (38). Le format du *retail* n'est pas une alternative à la galerie commerciale. En tout cas, pas forcément. Les deux formats peuvent s'additionner. Le site de Toulouse-Fenouillet est l'exemple parfait de cette « croissance naturelle » qui, sur la base d'un hyper et sa galerie, s'est successivement enrichi d'un premier *retail park* puis d'un second en même temps qu'une extension de galerie. Le tout totalisant 85 000 m² [57].

LA SAGA DE LA FAMILLE FREY

« *La préhistoire des parcs périphériques est celle des boîtes discount qui défigurèrent les entrées de ville des années 1960 à 2000. Puis l'avènement des* retail parks *a marqué une montée en gamme du contenant, tout en conservant des enseignes périurbaines*[58] ». L'histoire des zones commerciales de périphérie, c'est finalement Antoine Frey qui en parle le mieux, et pour cause, c'est Jean-Jacques Frey, son oncle qui, avec d'autres pionniers, a développé ces zones qui « *défigurèrent les entrées de ville des années 1960 à 2000* » avant que, lui, Antoine, le neveu, ne fasse de leur métamorphose en *retail park* un nouveau business.

Petit retour en arrière. Jean-Jacques Frey a commencé dans la grande distribution spécialisée (Cash Entrepôt, puis BUT) avant de se lancer dans l'aménagement de zones commerciales périphériques. En l'espace de 25 ans, de 1983 à 2007, date à laquelle il passe le flambeau à Antoine, le groupe construit 1 million de mètres carrés de surfaces commerciales en France[59]. Aujourd'hui coté en Bourse, le groupe Frey ambitionne de devenir le leader français des « parcs commerciaux de plein air *low cost*[60] ». À raison d'un rythme de développement particulièrement soutenu, le groupe a ouvert le Parc Commercial des Moulins de Soissons (2010), My Green 7 à Salaise-sur-Sanne (2012), l'Aire des Moissons à Saint-Parres-aux-Tertres (2014), SuperGreen à Terville (2015), Shopping Promenade à Amiens (2016). Et les projets ne manquent pas avec le pharaonique et très contesté projet Ode à la Mer de Montpellier[61] et le projet Strasbourg Vendenheim[62], présenté comme la plus grande opération de renouvellement urbain et commercial jamais lancée en France pour une zone commerciale de périphérie.

De Jean-Jacques à Antoine, le principe reste inchangé, accueillir des enseignes en périphérie plutôt qu'en centre-ville, à ceci près qu'Antoine ne lésine pas, contrairement à son oncle, sur l'usage de concepts marketing destinés à donner le sentiment d'une innovation permanente alors qu'il s'agit toujours peu ou prou de la même offre. Après avoir misé sur un curieux mélange entre la chlorophylle et le terrain de golf avec le *retail park* « écologique » – le « label HQE Commerce », le « Green Center » ou « My Green » –, l'entreprise insiste désormais sur la notion de « promenade ». Premier du genre : le « Shopping Promenade » d'Amiens. Aménagée sur un champ en lisière nord de l'agglomération, à quelques encablures d'un Carrefour, d'un Darty, d'un Leroy Merlin ou encore d'un Conforama, la nouvelle création d'Antoine Frey illustre le principe qui veut que lorsqu'une zone commerciale commence à se créer en périphérie, généralement autour d'un hypermarché ou d'une grande enseigne de la distribution spécialisée (bricolage ou sport), elle ne peut que s'étendre au fil du temps, *a fortiori* si elle est desservie par un nœud routier, ce qui est le cas ici.

Fini le chaos des « boîtes à chaussures » disposées n'importe comment, le Shopping Promenade est une boîte unique mais à ciel ouvert. À l'intérieur, des allées desservent des magasins que l'on trouve déjà dans d'autres zones commerciales d'Amiens telles que la zone de Glisy ou Ausshopping (Chaussea, Jennifer, Gifi, Intersport, Action), mais aussi en centre-ville (Celio, Mango, Armand Thierry). Et comme Shopping Promenade se veut un « morceau de ville » (c'est Antoine Frey qui le dit), le client peut en profiter pour faire ses courses chez le boucher (de la chaîne Henri Boucher), le boulanger (de la chaîne Boulangerie Louise) et le marchand de primeur (Passion Frais). Un centre commercial pour les habitants du Nord d'Amiens ? Pas vraiment. Le parking qui peut accueillir 1 300 voitures ne laisse planer aucun doute sur le fait que Shopping Promenade entend attirer les clients de loin.

Fort de l'ascension impressionnante de son entreprise, Antoine Frey a succédé à la présidence du Conseil National des Centres commerciaux, à Michel Dessolain, directeur-général de la stratégie et de l'innovation du groupe Unibail-Rodamco en mars 2017. Au moment où la profession s'interroge sur la question du commerce de périphérie, un acteur des *retail parks* succède à un promoteur de centres commerciaux de centres-villes. Tout un symbole…

CHAPITRE 7

Quand la franchise crée la demande

« Le modèle de la franchise est en pleine croissance depuis 20 ans, ses fondamentaux sont au cœur de sa réussite. »

Chantal Zimmer, déléguée générale de la Fédération française de la franchise, mars 2018

À défaut d'être boosté par la consommation, les zones commerciales se multiplient pour satisfaire un de leurs principaux clients : les franchisés. Un marché particulièrement dynamique où chaque jour des enseignes se créent, s'installent... et ferment.

C'est un motif d'étonnement pour beaucoup d'observateurs : la période est morose, la consommation plafonne, et pourtant, les centres commerciaux et autres *retail parks* continuent de se multiplier. Plusieurs raisons expliquent ce paradoxe apparent. En termes de retour sur investissement, nous l'avons vu, le prix de la terre agricole, globalement bon marché, permet de réaliser de confortables plus-values sans prendre de risques excessifs. Côté clients, les centres-villes, certes en déclin, offrent encore quelques réserves que les zones commerciales peuvent espérer ponctionner. Enfin, sur le plan de la concurrence, la course à la taille condamne chaque grande surface et chaque centre commercial d'une même zone de chalandise à suivre le mouvement sous peine d'être disqualifiés. Reste que le marché aurait périclité depuis longtemps s'il n'y avait une forte pression de la part des véritables clients des centres commerciaux : les commerçants indépendants.

UN PHÉNOMÈNE PLANÉTAIRE

Le phénomène date des années 1980. Face à des réseaux intégrés, tels Darty ou Fnac, qui peinent à s'adapter aux évolutions du marché, les réseaux de franchisés, eux, ont le vent en poupe. Le principe de la franchise est simple : par le biais d'un accord commercial et juridique « *une entreprise appelée "franchiseur" s'engage à fournir à une seconde entreprise, dite "franchisée", une marque, un savoir-faire et une assistance permanente en contrepartie d'une rémunération*[63] ». Autrement dit, une marque fournit le droit à un commerçant indépendant de commercialiser son produit ou son service moyennant le plus souvent le reversement d'un certain pourcentage du volume d'affaires réalisé. Le commerçant indépendant bénéficie d'une marque connue et d'une assistance. Quant au franchiseur, il peut développer son réseau de vente sans avoir de commerces à acheter, ni de salariés à manager. Grâce à ce système ingénieux, des franchises ont connu des succès fulgurants. Les plus grandes sont logiquement américaines. À l'échelon mondial,

7Eleven arrive en tête avec 60 000 points de vente, suivi par Subway (44 500 restaurants), McDonald's (36 000 établissements), Starbucks (21 500 cafés) et KFC (20 100 restaurants)[64].

En France, le mouvement commence à se développer dans les années 1970 avec des franchises telles que Pingouin-Stemm, Pronuptia, Rodier ou Levitan. Après avoir plafonné autour des 400 réseaux, le nombre de franchiseurs passe au-dessus de la barre des 500 en 1997, des 1 000 en 2006 pour friser la barre des 2 000 en 2017. Le nombre de commerçants franchisés suit logiquement la tendance. En 1997, on en comptabilisait moins de 30 000. Dix ans plus tard, ils sont près de 46 000. Une dynamique qui permet de dépasser la barre des 70 000 en 2016. La franchise est particulièrement appréciée dans les secteurs de l'équipement de la personne et de la maison, l'hôtellerie et la coiffure. Ainsi, dans le secteur de l'habillement, des franchises de prêt-à-porter comme Mexx, Esprit ou Jennyfer côtoient Zara, H&M ou Primark qui sont des réseaux de commerce intégré. La grande distribution n'est pas en reste même si le secteur reste encore majoritairement acquis à une logique d'intégration. Ainsi, en 2017, c'est Intermarché qui arrive en tête des réseaux franchisés, avec plus de 1 300 magasins, suivie par McDonald's (1 300), Optic 2000 (1 162), ORPI (114), Optimhome (1 114) et Sécuritest (1 001)[65].

UN SECTEUR FOU, FOU

L'engouement des aspirants commerçants entretient la dynamique du marché de la franchise et, dans la foulée, des centres commerciaux. À quoi bon réinventer la poudre quand une enseigne a déjà essuyé les plâtres depuis des années ? Et pourquoi ne pas s'appuyer sur un réseau pour se positionner sur un marché émergeant et, par définition, forcément prometteur ? Le choix ne manque pas. Les franchises existent dans tous les secteurs. Beaucoup de réseaux combinent boutiques en propre et contrats de franchise. Si l'entreprise française Pimkie a fait le choix exclusif de la franchise, Mango, une franchise espagnole, détient 40 % des points de vente en propre. Des réseaux intégrés s'appuient aussi sur des commerces franchisés. Toujours dans le secteur de l'habillement, c'est le cas depuis longtemps de Un Jour Ailleurs, Du Pareil Au Même ou encore de Naf Naf. Celio s'y est mis à son tour en 2005. Après avoir testé la formule dans les pays du Maghreb, d'Europe de l'Est et du Proche-Orient, l'enseigne a développé sa franchise en France et en Espagne[66].

Si les plus grands centres, de plus de 150 boutiques, sont la chasse gardée des réseaux de commerce intégré (Zara, H&M...), les enseignes de franchise sont ultra-majoritaires dans les centres commerciaux moins importants. Un spécialiste de l'immobilier commercial conseille même aux candidats à la franchise de « *cibler les plus petits centres commerciaux, adossés à une locomotive alimentaire comme Leclerc, Système U ou Intermarché, qui comptent entre 20 et 40 boutiques*[67] ».

Sur les trente boutiques du centre commercial Auchan (Aushopping) de Grand Plaisir dans les Yvelines, 63 % des magasins de vêtements et de beauté, qui forment la majorité des commerces, sont des franchises. Même constat pour Waves

Actisud, situé à quelques kilomètres de Metz. Comprenant deux fois plus de boutiques que le centre commercial Auchan de Grand Plaisir, les franchisés y représentent plus de 50 % des magasins de vêtements, plus de 65 % des magasins de beauté et plus de 70 % des magasins de chaussures. Même constat pour L'Atoll d'Angers, encore plus gros[68].

Certes les enseignes au positionnement chic et haut de gamme continuent de privilégier les métropoles, les centres-villes et les plus gros centres commerciaux. Mais les plus petites enseignes, choisissent quant à elles massivement les centres commerciaux de périphérie qui leur promettent des tarifs nettement inférieurs. Même choix pour les marques positionnées sur le moyen et le bas de gamme, qui ont fréquemment besoin de grandes boutiques. Elles aussi favorisent les zones commerciales de périphérie qui, seules, ont la capacité de les accueillir. Ces centres de périphérie sont donc toujours plus gros, toujours plus attractifs et toujours plus rentables. Dans ces conditions, peu importe que la conjoncture soit morose. Le dynamisme du marché de la franchise contribue à entretenir la demande d'espaces commerciaux, à la plus grande satisfaction des promoteurs. Et ce n'est qu'un début… Chaque ouverture de centre commercial permet aux franchises d'améliorer leur implantation nationale sachant que le risque financier est supporté par le franchisé. Un business particulièrement rentable puisque le nombre de franchises continue d'augmenter.

TROISIÈME PARTIE

De l'image à la réalité

CHAPITRE 8

Amazon : un épouvantail bien utile

« Les acteurs traditionnels du commerce de détail qui ne s'adaptent pas, sont tous voués à disparaître et ce sont les petits commerces qui sont le plus menacés. »

Maxime Merle, responsable des études sectorielles et défaillances chez Euler Hermes, spécialiste de l'assurance-crédit, des recouvrements et des faillites

Afin de dissuader les pouvoirs publics d'encadrer son activité, hypermarchés et foncières pointent du doigt la menace représentée par l'essor du commerce sur Internet. Un raisonnement pour le moins simpliste. La preuve : les centres commerciaux continuent de se multiplier comme des petits pains…

Avec 250 millions de produits, 300 millions de clients et un objectif de capitalisation boursière de 1 000 milliards de dollars[69], rien ne semble pouvoir résister à l'Attila du commerce. Amazon, puisqu'il s'agit de l'entreprise américaine, ne pèse-t-elle pas deux fois Walmart, le numéro un mondial de la distribution, et trente-quatre fois Carrefour, le leader européen ?

En France, l'entreprise ne fait pas mystère de ses ambitions. Un sixième centre de distribution a ouvert, après ceux de Saran près d'Orléans, Douai, Boves à côté d'Amiens, Chalon-sur-Saône et Montélimar. De quoi inonder un peu plus le marché hexagonal où le géant de Seattle revendique déjà 24 millions d'acheteurs[70].

Face à cette invasion, les représentants de la grande distribution française – Carrefour, Casino, Auchan et consorts – mettent en garde le politique : vouloir limiter le nombre de nouveaux magasins en périphérie, comme le souhaitent beaucoup d'élus, reviendrait à pénaliser les distributeurs français et laisser le champ libre à Amazon[71].

AMAZON N'A PAS INVENTÉ L'ACHAT À DISTANCE

De l'Assemblée au Sénat en passant par les administrations centrales, l'argument est martelé à l'envi, sur tous les modes, sur tous les tons : les politiques doivent soutenir les enseignes françaises face au grand méchant loup américain. Au point qu'on se prend à douter. La menace que représente la firme de Seattle, et plus largement l'e-commerce, est-elle aussi réelle que la grande distribution se plaît à l'affirmer ? En étudiant de près les chiffres, on s'aperçoit qu'il s'agit surtout d'un épouvantail destiné à convaincre les élus de ne pas compliquer un peu plus la vie déjà difficile des hypers...

Notons d'abord que si l'e-commerce repose sur l'achat à distance et la livraison à domicile, ce type de distribution n'a pas attendu l'ère de l'Internet pour se développer. La vente par correspondance est une invention du XIXe siècle. À l'époque, personne ne surfe sur le Net : on parcourt un catalogue, on remplit son bon de commande et on l'envoie par La Poste. Le catalogue a l'épaisseur et le poids d'un bottin téléphonique, le temps que prennent la commande et la livraison sont bien plus longs qu'aujourd'hui, mais à l'époque, le principe qui consiste à commander depuis chez soi séduit déjà des millions de clients. Pour ne citer que les plus grands vépécistes français, La Redoute, Les 3 Suisses et les Éditions Atlas ont connu leur heure de gloire avant d'être doublés par les sites de vente en ligne, les fameux « *dotcoms* ». Fort de son succès sur le marché en déclin du disque et sur le marché marginal du livre, Amazon tire désormais une part croissante de ses bénéfices du cloud (hébergement de données) et de la « *marketplace* » consistant à mettre directement en contact acheteurs et vendeurs. Dans ces deux domaines, les entreprises qui ne vendent que sur Internet – les « *pure players* » – ne marchent pas tant sur les plates-bandes du commerce traditionnel, qu'ils ne se concurrencent entre eux.

Le succès du e-commerce est en fait moins spectaculaire que la communication offensive d'Amazon le laisse supposer. Pour quelques superstars qui surperforment en Bourse, combien d'échecs financiers ? Et combien de sites réellement profitables ? Des progressions annuelles à deux chiffres, près de 40 millions de cyber-acheteurs et un chiffre d'affaires tendant vers les 100 milliards en France… Ces chiffres impressionnent et accréditent l'idée d'un tsunami menaçant de balayer les magasins traditionnels. Forcément. Mais ils prennent une tout autre dimension lorsqu'ils sont comparés à la distribution physique qui résiste, et même plutôt bien. Car vingt ans après la naissance d'Amazon, le e-commerce ne représente toujours qu'une part marginale du commerce de détail en France : 9 % du total du chiffre d'affaires en 2017[72].

Censée nous montrer l'avenir avec quelques années d'avance, il est d'ailleurs intéressant de noter que l'Amérique, dans ce domaine, ne fait pas mieux que la France. La part du e-commerce y est exactement la même que chez nous, soit 9 %[73]. Certes, outre-Atlantique, Amazon se taille la part du lion en raflant près de la moitié des ventes sur Internet, mais au final, l'entreprise ne règne que sur un marché minoritaire si on le rapporte au marché global des ventes de détail. Et sa position est encore plus faible en France.

LA DISTRIBUTION PHYSIQUE S'EST CONVERTIE AU E-COMMERCE

De fait, l'entrée du commerce dans l'ère numérique n'entraîne pas la disparition du monde ancien. Un moment ébranlé, le commerce physique s'est converti à la vente sur Internet. Et ce nouveau canal lui a plutôt réussi. Les sites de la distribution traditionnelle de même que celui de La Redoute restent aujourd'hui largement majoritaires dans le top 15 des sites français les plus visités[74]. Il est vrai que les eBay, vente-privee et PriceMinister concurrencent moins les commerces traditionnels que le marché de la vente directe, celle de particulier à particulier et de fournisseur à particulier.

Dans le secteur de l'alimentaire, le géant de Seattle doit faire face aux sites de la distribution traditionnelle, notamment de Casino et Fnac-Darty. Le groupe Casino revendique même la place de numéro 1 pour sa filiale e-commerce, Cdiscount[75]. Qu'en est-il exactement ? Difficile à dire. On ne connaît d'Amazon que l'audience, tandis que Cdiscount met en avant ses chiffres de vente.

Il n'en reste pas moins que si la Fnac et Darty misent avant tout sur Internet pour limiter l'hémorragie de leur clientèle au profit d'Amazon, Cdiscount constitue pour le groupe Casino un formidable outil de conquête des marchés les plus porteurs du e-commerce : l'habillement et l'équipement de la maison. Pour Casino, ce business complète utilement celui de ses magasins, dont le cœur de métier et le chiffre d'affaires reposent plus que jamais sur l'alimentaire.

Dans ce domaine, les grandes surfaces traditionnelles résistent bien au e-commerce. Celui-ci ne pèse que 5 % des ventes[76] dont l'essentiel est, du reste, capté par les sites Internet de la grande distribution. Bref, les quelques clients qui ne rentrent pas par les portes d'un magasin cliquent sur son site Internet.

Compte tenu des contraintes liées à la spécificité des produits frais et aux capacités de livraison, les perspectives d'évolution restent limitées. Même Monoprix ne joue la carte du e-commerce que dans une minorité de villes de province. Ne parlons pas des zones périphériques ou rurales où la livraison des courses alimentaires reste – et restera longtemps – du domaine de la science-fiction.

Face aux positions occupées par la grande distribution dans le paysage réel comme sur la toile, Amazon fait figure de nain. C'est une chose de livrer des appareils photos, des livres ou des bagages, c'en est une autre d'apporter à domicile des yaourts, de la viande ou des surgelés. D'où l'idée d'Amazon de s'appuyer sur des chaînes de distribution existantes. En juin 2017, l'entreprise frappe un grand coup en rachetant pour 13,7 milliards de dollars Whole Foods Market, une chaîne de 460 supermarchés spécialisés dans le bio.

Mais rien n'est simple. En novembre 2017, le géant américain annonce finalement sa décision d'arrêter son service de livraison alimentaire à domicile Amazon Fresh dans plusieurs villes américaines, pour procéder à une réorganisation de son offre[77]. Autant de signes qui montrent à quel point, dans le commerce de détail, le passage du numérique au réel semble moins évident que l'inverse. En tout cas, une chose est sûre : en choisissant de s'allier avec Monoprix plutôt qu'avec Système U en 2018[78], Amazon montre son intérêt pour les métropoles. En d'autres termes, l'entreprise n'est pas près de proposer ses services dans les villes moyennes, celles-là même qui restent largement tributaires des hypermarchés.

UNE CONCURRENCE QUI AFFAIBLIT UN PEU PLUS LE SECTEUR NON ALIMENTAIRE DES HYPERS

Les centres commerciaux ont-ils plus à redouter de la concurrence de l'e-commerce ? Cela n'a rien d'évident si l'on regarde de près le trio de tête des ventes en ligne. La vente de voyages, qui arrive en troisième position, ne fait pas franchement partie du cœur de l'offre des centres commerciaux, c'est le moins que l'on puisse dire. Le e-commerce de produits culturels, qui figure en deuxième position[79], a affaibli considérablement les Fnac[80] et leur rôle de locomotive au sein des centres commerciaux mais cela ne concerne qu'une, voire deux enseignes au maximum dans chaque centre. Si le e-commerce de l'habillement – premier produit vendu sur la toile – s'avère en revanche un danger indéniable pour le commerce physique – et notamment les grandes surfaces –, il demande à être relativisé pour les grandes surfaces. D'abord, la majorité des vêtements vendus sur Internet le sont soit à prix barré durant les soldes, soit en promotion[81]. Ensuite, le prêt-à-porter féminin ne constitue qu'une infime minorité des articles vendus. Sur la toile, on achète beaucoup de dessous, masculins comme féminins, ainsi que des petites pièces de dessus enfant et homme, notamment des marques de sport-loisirs[82]. Enfin, ce sont les marques disposant d'un réseau de magasins physiques qui s'arrogent la première place dans le classement des ventes en ligne par type de distribution. De quoi relativiser encore une fois la déferlante Internet et expliquer que le e-commerce n'empêche pas les centres commerciaux de se développer à vitesse grand V.

CHAPITRE 9

Le mirage des emplois et du développement durable

« On avait démarré à 20 000 emplois… Mais en 2015, Mme Moustachir, alors maire adjointe à l'emploi de Gonesse interpellait nos militants à une réunion dite de "concertation" organisée par l'EPA : "Comment peut-on passer à côté de 50 000 emplois ?" Comme s'ils étaient déjà là, en "chair et en hausse"… »

Jacqueline Lorthiois, Le Bêtisier d'EuropaCity, juin 2017

Une nouvelle zone commerciale ? Pas une menace, une chance… Une chance pour l'emploi. Une chance pour l'environnement. D'ailleurs, seuls les esprits grincheux parlent d'emplois détruits et d'artificialisation des terres, non ?

Avant de promettre aux élus un morceau de paradis aux portes de la ville, les zones commerciales s'engagent sur la création d'emplois, histoire de convaincre les politiques les plus sceptiques et de couvrir les cris des commerçants locaux qui peinent déjà à boucler leurs fins de mois. Et dans ce domaine, aucun promoteur n'est avare de chiffres. À Béziers, le groupe Orchestra parle de 500 emplois pour son futur *retail park* (qui sera finalement refusé). À Valbonne, la Compagnie de Phalsbourg parle de 1 200 emplois pour son projet Open Sky. À Montpellier, la foncière Frey en évoque 2 500 pour son projet Ode… Aux portes de Toulouse, Unibail parle de 3 000 emplois pour son projet Val Tolosa. Mais c'est EuropaCity d'Auchan qui fait très fort en évoquant 17 500 emplois – dont 11 500 pérennes (après en avoir annoncé 20 000) ! Prévu pour 2024 sur le territoire du « Triangle de Gonesse », le projet décline d'ailleurs tout en très grand format : le montant prévisionnel de l'investissement, avec plus de trois milliards d'euros, l'étendue, 80 hectares de terres agricoles impropres à l'habitation en raison de la proximité de l'aéroport de Roissy, le nombre d'équipements (pas moins de trois parcs de loisirs, une multitude de restaurants et d'hôtels) et, bien sûr, une kyrielle de boutiques. Alors que le chômage des moins de 25 ans avoisine les 35 % dans cette partie du Val d'Oise, on comprend que Jean-Pierre Blazy, le maire de Gonesse (PS) soit bien décidé à soutenir coûte que coûte le projet malgré les attaques dont il fait l'objet.

DES CHIFFRES À LA LOUCHE

Une étude comparative montre le caractère ô combien approximatif de ces chiffres. Pour 60 000 m² de nouvelles surfaces commerciales, Val Tolosa annonce 3 000 emplois, l'Open Sky 1 200 emplois et B'EST, ouvert en avril 2018, en Lorraine, une région durement éprouvée par la désindustrialisation, 750 emplois. Les 40 000 m² de l'Open de Saint-Genis prévoient 550 nouveaux emplois quand le Green Center de Claye-Souilly, pourtant sensiblement plus grand, envisage d'en créer 330. Comme le soulignent avec bon sens Cristina Garcez et David Mangin, « *une ouverture dans un marché saturé implique mathématiquement d'aller chercher le chiffre d'affaires là où il est, à savoir chez les concurrents. Les créations d'emplois de l'un sont les pertes d'emplois de l'autre*[83] ».

« Non à Val Tolosa », principale association d'opposition au projet, a même trouvé un exemple récent qui montre qu'en matière d'emplois il existe *a minima* un décalage entre les besoins liés au démarrage et ceux nécessaires au fonctionnement d'un équipement en vitesse de croisière. À Saint-Nazaire, Burger King avait promis 150 embauches en CDI pour son nouveau restaurant ; 130 ont été réalisées au moment de l'ouverture, à la fin de l'année 2015. Un an plus tard, ils ne sont plus que 70 à 80 collaborateurs, soit deux fois moins que prévu. Les résultats économiques ne sont pas en cause. Les équipes ont atteint l'objectif de servir plus de 1 500 clients par jour. Le groupe a simplement précisé que « *les postes annoncés correspondaient à un rythme d'ouverture* ».

Opposée à EuropaCity, la mairie du Blanc-Mesnil a commandé, en 2016, une étude sur les potentielles retombées de ce centre en matière d'emploi. Le document de 60 pages défend l'idée que les emplois d'EuropaCity entraîneront un déplacement géographique des emplois sans profiter aux jeunes du territoire. D'après l'étude, l'implantation d'EuropaCity « *n'entraînerait pas de création mais engendrerait le développement de friches commerciales* ». Une seconde étude rendue publique à la fin du mois d'août 2017 va même plus loin en évoquant ouvertement non plus des déplacements, mais des destructions d'emplois : « *La création d'emplois et de richesses annoncée* (...) *pourrait se faire au détriment des activités présentes sur les territoires voisins avec potentiellement la création de friches commerciales et tertiaires*[84]. »

Si ces rapports s'avèrent d'une grande richesse, on peut toujours les soupçonner d'être de parti pris. L'impact sur l'emploi a beau être un argument de poids pour séduire les élus et les populations, ce critère reste un sujet où l'arbitraire et le flou règnent en maître. Pour faire consensus sur cette question, il faudrait que deux conditions soient remplies. D'abord, une étude d'impact sur les emplois existants devrait être fortement recommandée lors de la présentation d'un projet et faire l'objet d'évaluation *a posteriori*. En outre, cette étude ne devrait pas porter sur des chiffres bruts de création mais sur des chiffres nets intégrant les effets de déplacement et de substitution par rapport aux emplois commerçants existants. En attendant, une chose est sûre : un nouveau centre commercial n'a, là encore, pas le même impact selon qu'il est localisé en centre-ville ou en périphérie. Dans le premier cas, le centre commercial a un effet de redynamisation du tissu commercial existant et se solde par une création nette d'emplois. Dans le second cas, il détourne inévitablement une partie de la clientèle des commerces de centre-ville et contribue à fragiliser des entreprises qui supportent des coûts et des contraintes sans rapport avec ceux qui pèsent sur la périphérie.

LE PETIT COMMERCE : UNE ESPÈCE EN VOIE DE DISPARITION

Constatons qu'après une phase logiquement ascendante à la fin du XIXe siècle, le commerce de détail n'a cessé de diminuer depuis les années 1930. La France comptait alors plus de 1,4 million d'établissements. Ils n'étaient plus que 1,2 million quarante ans plus tard, seulement 800 000 au début des années 2000, moins de 780 000 aujourd'hui[85]. En 80 ans, le nombre de commerces a par conséquent diminué de plus de 40 % alors que la population française augmentait dans le même temps de plus de 55 %. Impossible de ne pas lire dans ces chiffres l'effet d'une extraordinaire concentration du commerce au bénéfice de la grande distribution. Chaque année, 800 moyennes surfaces ouvrent et 1 300 boutiques ferment[86].

Cette concentration s'est traduite par une progression concomitante de la productivité. À titre d'exemple, un employé d'un magasin d'une surface de plus de 5 000 m² dégage aujourd'hui un chiffre d'affaires supérieur de plus de 20 % à celui d'un magasin de moins de 400 m². En d'autres termes, et c'est d'une logique implacable, la concentration du commerce permet des gains de productivité se traduisant par des suppressions d'emplois.

HALTE AUX IMPLANTATIONS EN PLEIN CHAMP !

Avant de se préoccuper de la façon dont les centres commerciaux limitent au maximum leurs déchets et leurs émissions de CO_2, il faudrait s'inquiéter du phénomène d'artificialisation des terres agricoles et mettre un sérieux coup de frein aux implantations en plein champ.

Dans le cas de l'extension de l'Ikea de Caen, on peut par exemple s'étonner qu'une toiture végétalisée et la plantation de 800 arbres aient suffi à la cour d'appel de Nantes pour délivrer un blanc-seing alors même que la quasi-totalité des élus locaux étaient opposés à toute idée d'extension. En fait, plus le projet est gigantesque, moins les villes impactées peuvent s'y opposer. Pour une raison simple : l'équipement est considéré d'intérêt régional. Cet argument pousse à lui seul les grandes enseignes à concevoir les plus grandes zones commerciales possible qui, faut-il le souligner, ne peuvent s'insérer qu'à la périphérie des villes et non dans le tissu urbain existant. Le législateur aurait voulu favoriser l'artificialisation des terres agricoles qu'il ne s'y serait pas pris autrement.

Avec la libéralisation des implantations commerciales depuis 2008, la justification environnementale reste tout de même l'une des seules armes dont disposent les municipalités pour contrecarrer un projet de centre commercial sur leur territoire. Dans un contexte où l'État incite les collectivités à favoriser la densification plutôt que l'étalement, ce critère devrait par avance condamner toutes les zones commerciales implantées en plein champ.

LE *GREENWASHING* OU L'ART DE RENDRE LE COMMERCE ÉCOLOGIQUE

Val Tolosa fournit un des nombreux exemples de ce *greenwashing* qu'affectionnent tous les promoteurs immobiliers. Sur des dossiers aussi sensibles, tout l'art de vendre un projet de centre commercial à des élus dubitatifs et des fonctionnaires pointilleux consiste à cultiver la rhétorique. Tout est question de sémantique et de points de vue. On ne parle pas tant de shopping que de « *lieu de vie* », pas de déboisement, mais de plantations, pas de centre commercial en plein champ, mais de grand « *parc paysager* ». Oui, vous avez bien lu : un « *parc paysager* »… dans la nature. Difficile de faire mieux… ou plus absurde !

À tous ceux qui estiment que le commerce en ville, dans les rues, est complètement dépassé, ce projet fait une promesse : « *réconcilie[r] nature et commerces*[87] ». En d'autres termes, c'est en urbanisant la campagne et en faisant sortir le commerce des villes que le shopping sera pleinement écologique. CQFD ?

Peut-être. À condition de ne pas trop y réfléchir ni de se pencher sur le contenu exact du projet. Car en dépit de l'installation de 60 000 m² de panneaux solaires sur les bâtiments, l'opération prévoit l'artificialisation de 40 hectares dont 64 000 m² consacrés au centre commercial et aux loisirs, à un hypermarché de 12 000 m² et 150 boutiques. Une urbanisation teintée de vert se donne ainsi pour objectif de remplacer la campagne et les champs par un lac artificiel et des arbres.

Même son de cloche du côté de Valbonne, et de la Compagnie de Phalsbourg. D'ici quelques années, les promeneurs de ce *retail park* pourront se reposer près d'une source d'eau. Et pourtant, dans cette forêt, il n'y a pas de fleuve, ni semble-t-il de sources importantes. Car c'est bel et bien un lac artificiel qui va voir le jour. Et autour de ce lac, ce sont 100 000 m² qui seront réservés à un nouveau centre commercial. Cet ensemble sera formé de 60 000 m² de surfaces commerciales, de 20 000 m² de bureaux et de services publics et de 10 000 m² d'hôtellerie. Afin de s'intégrer parfaitement au paysage environnant, les promoteurs ont même imaginé une toiture et une ceinture végétales. Un peu de verdure pour cacher 100 000 m² de béton au cœur d'une forêt, c'est fort, il fallait y penser !

Retoqué une première fois, le projet d'EuropaCity se dévoile une seconde fois beaucoup plus vert et aérien. Immochan joue cette fois-ci la carte de l'environnement. Exit la soucoupe volante fortement inspirée de L'Atoll d'Angers, place à une ferme de 7 hectares et un parc de 10 hectares. La foncière d'Auchan affiche même son intention de « *réaliser un écosystème urbain, modèle de la transition écologique et de l'économie circulaire* » et « *favoriser le développement de la biodiversité* ». Jolie pirouette quand on sait que le projet va annexer 80 hectares de terres agricoles exploitables au Triangle de Gonesse.

ÉNERGIE VERTE, RECYCLAGE DE L'EAU, PANNEAUX SOLAIRES…

Après avoir revêtu les habits de Dame Nature, les promoteurs brandissent l'argument énergétique. Leurs centres commerciaux ne pollueront pas, bien au contraire. Ils produiront de l'énergie… verte. Unibail assure qu'une centrale photovoltaïque d'une puissance de 12 mégawatts sera installée sur le site de Val Tolosa. Elle aura pour objectif de produire 28 % de l'énergie consommée par le centre commercial. Ce qui équivaudra à la consommation énergétique d'une ville de 10 000 à 15 000 habitants. Plus de 35 000 panneaux seront installés sur les toits des bâtiments commerciaux et les ombrières des parkings. Val Tolosa envisage également de développer une démarche hydro-écologique innovante en matière de gestion des eaux de pluie. Les eaux de ruissellement issues des toitures et des parkings extérieurs seront recueillies et traitées. Elles alimenteront ensuite le plan d'eau de 1,8 hectare du complexe.

Pas en reste, Immochan affirme de son côté que son projet EuropaCity ne polluera pas. Dans un débat public avec les administrés, le promoteur a affirmé que « *100 % des besoins en eau non potable seraient couverts par le recyclage des eaux de pluie ou usées, 100 % des déchets organiques seraient valorisés en interne, 100 % des besoins énergétiques seraient couverts par une production sur site en recourant massivement aux énergies renouvelables*[88] ». Un parc photovoltaïque de 14 hectares de panneaux et une chaufferie biomasse sont prévus dans le projet. Et dire que certains osent penser que les zones commerciales enlaidissent la France !

CHAPITRE 10

Derrière les panneaux publicitaires, le pire de l'urbanisme et de l'architecture

« La profession a, certes, pu construire trop de magasins par endroits, dans le passé, qui plus est, peu esthétiques. Mais nos parcs actuels qui se concentrent là où la croissance démographique est forte, sont aujourd'hui assimilables à de véritables signatures architecturales. »

Claude Risac, directeur des relations extérieures du groupe Casino

Côté pile, un discours promotionnel enchanteur. Côté face, une réalité beaucoup plus prosaïque. Si le XIXe siècle nous a légué d'élégants passages couverts et de somptueux grands magasins, l'architecture commerciale n'a fait que s'enfoncer dans la médiocrité en s'implantant à l'extérieur de la ville qui l'avait vue naître.

La multiplication des zones commerciales serait sans doute plus acceptable si elle s'accompagnait d'un effort de créativité. On en est très loin. En quelque cinquante ans, la distribution d'après-guerre n'aura accouché d'aucun chef-d'œuvre. Un cas unique dans la longue histoire de l'architecture où chaque nouveau type de bâtiment a toujours donné lieu à de superbes réalisations. Comment ne pas aimer flâner dans cette extraordinaire invention que furent les passages couverts parisiens, ne pas regretter la démolition des Halles de Baltard, ne pas admirer l'architecture extravagante des grands magasins et de son plus bel exemple, La Samaritaine, ou ne pas saluer l'inventivité et la performance du marché couvert en béton du Boulingrin à Reims ? Rien de tel pour les hypermarchés et autres grandes surfaces spécialisées pas plus que pour les centres commerciaux. Aucun ne figure dans les livres d'histoire de l'art. Aucun nom célèbre ne reste attaché au genre sinon peut-être un, celui du Viennois naturalisé américain, Victor Gruen, inventeur du centre commercial.

ARCHITECTURE SOUS HAUTE CONTRAINTE MARKETING

Il arrive que des stars de l'architecture cèdent parfois à l'appel de quelques grands projets mais rares sont ceux qui s'en vantent. Les cabinets spécialisés qui, eux au moins, n'ont pas d'état d'âme, ne se privent pas de dénoncer une forme de snobisme. Pour Thierry de Dinechin et Philippe Gorce, fondateurs de l'agence DGLa et à qui l'on doit l'aménagement du centre commercial de la gare Saint-Lazare, à Paris, et la création du centre Odysseum à Montpellier, « *il y a pour beaucoup de nos confrères un côté vulgaire à toucher au commerce* ». Pour eux, cela va de soi, ces programmes ont « *un intérêt architectural majeur* ». Ne s'agit-il pas de « *recevoir du public et de faire en sorte que les usagers soient heureux* » ? Après tout, les visiteurs ne « *viennent-ils pas sans ticket ni même carte d'abonné* (...). *Il n'y a guère que les gares et les centres commerciaux qui sont réellement libres, ouverts et publics*[89] ». Curieux argument dans la mesure où un centre commercial fait plus penser à une rue commerçante qu'à un musée ou à une salle de gym. Mais passons...

N'accablons pas les concepteurs de centres commerciaux. Leur métier est loin d'être évident. Première difficulté : le cahier des charges d'un centre commercial est entièrement subordonné à la facilitation des ventes. Cette finalité n'interdit pas l'architecture mais elle l'encadre fortement. À titre d'exemple, chaque niveau d'un centre a des usages préférentiels et il est très difficile de faire monter le chaland au-delà de deux étages. Seconde difficulté : un centre commercial tourne généralement le dos à son environnement. Du coup, l'effort des architectes ne peut porter que sur l'entrée ou sur la forme selon des considérations qui tiennent plus du design que de l'architecture. Troisième difficulté : le peu d'intérêt que prêtent les clients, à savoir les enseignes, et par conséquent les financiers, à l'architecture de l'ensemble. Une trop grande originalité peut même contredire les attentes des enseignes qui souhaitent que l'image de marque du centre respecte la leur. Quatrième difficulté : le caractère aseptisé et kitsch plaît aussi bien aux touristes qu'aux habitants. Cela va généralement de pair avec une touche régionale comme c'est le cas du Sun Dong An Plaza de Pékin réalisé dans les années 1990 mais cet effort d'adaptation relève, là encore, plus du marketing que de l'architecture. Cinquième difficulté : la durée de vie d'un centre commercial est de quinze ans. L'architecture, quand elle existe, est donc menacée d'obsolescence dès sa conception.

HISTOIRE ARCHITECTURALE DES CENTRES COMMERCIAUX

L'architecture commerciale à la fin du XIXe siècle ne vise qu'à protéger les commerces des imprévus et des aléas inhérents à la vie urbaine. Dès l'origine, les promoteurs des passages et des grands magasins ont une évidente volonté d'isoler le commerce du tissu urbain immédiat. C'est pour se mettre à l'écart des nuisances en tous genres des rues de plus en plus fréquentées que se développe le passage couvert. Et c'est pour maîtriser totalement l'environnement de la vente dans un milieu urbain en pleine mutation que naît le grand magasin. Qui plus est, rien n'oblige à aimer le style éclectique, surchargé et parfois de mauvais goût, qui a largement dominé la conception des grands magasins. Il n'en reste pas moins que le passage couvert assurait une véritable fonction urbaine en servant de raccourci – fonction qu'il a depuis perdue – et que le grand magasin contribue encore – malgré des difficultés croissantes dans de nombreuses agglomérations moyennes – à animer et sublimer la ville en s'y intégrant et en enrichissant son identité. Faste période donc, quand même, que celle qui court de 1876, date de l'ouverture du nouveau Bon Marché conçu par Boileau et Eiffel jusqu'en 1905, année de l'inauguration de la Samaritaine de Frantz Jourdain en passant par l'ouverture du Printemps de Paul Sédille.

L'histoire ensuite est connue. Quand, après-guerre, les Pays-Bas et la Grande-Bretagne s'interrogent sur la place respective des voitures et des piétons dans des centres-villes en reconstruction, l'Amérique, elle, choisit de mettre le commerce là où habite un nombre croissant d'habitants : en banlieue. À l'origine, Victor Gruen concevait son invention comme une « ville commerciale » où la voiture ne serait plus indispensable dès lors que viendraient s'y agréger des logements, des bureaux et des loisirs… ce qui n'est jamais arrivé[90]. Le modèle américain de l'unité isolée dans un pays riche en terres vierges n'aurait pas dû avoir le même succès en Europe où le foncier est moins abondant et plus réglementé. Ce fut pourtant le cas en France. Le résultat, chacun le sait désormais, est pire qu'en Amérique. Alors que les *malls* ont joué le rôle de centres-villes qui n'existent pas aux États-Unis, ils contribuent à détruire ceux du vieux pays qu'est la France. Mais qu'importe puisque la qualité d'un centre commercial ne se juge jamais à son intégration dans l'environnement mais dans sa capacité à exister par lui-même, quitte s'il le faut – et c'est malheureusement souvent le cas – à exister à l'abri de, sinon contre, son environnement.

LE *MALL* AMÉRICAIN ET SES VARIANTES FRANÇAISES

À l'origine, le *mall* comme l'hypermarché qui en est une déclinaison, peut se résumer à une boîte hermétique cernée par des parkings. Il s'agit de focaliser le client sur le produit. Ni jour ni nuit donc, le chaland est dans une boîte. C'est, rappelons-le, l'époque des villes bis, des centres affectés d'un 2 : Parly 2, Vélizy 2, etc.

Aujourd'hui, il est possible de distinguer deux types de centres commerciaux. Le premier type de centre, le *retail park*, est à ciel ouvert. Il est situé la plupart du temps en périphérie. Avec sa rue principale, il s'apparente à une reconstitution plus ou moins réussie d'un bout de ville. Compte tenu de l'espace environnant, son enveloppe peut faire l'objet d'une réflexion architecturale. À condition d'un minimum d'argent, ce qui est loin d'être toujours le cas. Le second type de centre commercial est fermé sur plusieurs étages autour d'un atrium. Accolé au moins en partie aux constructions voisines, il n'offre pas les mêmes possibilités créatives à l'exception notable de l'entrée. En fait, depuis The Galleria, le *mall* de Houston ouvert en 1970, le vieux concept d'éclairage zénital a la cote, y compris lorsqu'il s'agit d'un centre commercial souterrain comme celui du Louvre. Même les vieux centres optent pour cette solution lors de travaux d'extension-réhabilitation (les deux allant de pair).

CINQ RÉUSSITES ARCHITECTURALES

Le Brookfield Place de Toronto conçu par l'architecte espagnol Santiago Calatrava est remarquable par la beauté de sa verrière. Le Centro Torri d'Aldo Rossi à Parme sort des sentiers battus. Plutôt que tout miser sur l'entrée, ce centre est couronné de six hautes cheminées en brique, bien plus hautes que ne l'exigent la ventilation et le chauffage. D'aucuns pourraient également citer le Centro Torri du Suisse Mario Botta à Florence ou le complexe commercial de l'architecte italien Massimiliano Fuksas à Eindhoven aux Pays-Bas. Et que dire de la fameuse chaîne autrichienne de supermarchés MPreis, sinon qu'elle est la seule à laquelle on puisse réellement prêter un souci architectural (ci-dessous le supermarché MPreis de Wattens en Autriche réalisé par l'architecte français Dominique Perrault).

Pour chaque nouveau supermarché, MPreis laisse une totale liberté à chaque architecte. Les architectes doivent seulement proposer un supermarché en harmonie avec le paysage en imaginant des solutions innovantes et respectant un budget restreint. Cette démarche, pour le moins originale, a valu à MPreis une reconnaissance amplement méritée, l'Österreichische Bauherrenpreis.

BEAUTÉ FACILE EN PLEIN CHAMP

Mais pour quelques réalisations hors normes, combien de réalisations médiocres et sans postérité ? En France, les hypermarchés en béton de Claude Parent[91], indéniablement novateurs, sont-ils des réussites dès lors qu'ils n'ont pas réussi à casser un modèle de construction d'une pauvreté abyssale ? En quoi réside l'intérêt du centre Bercy 2 de Renzo Piano sinon dans le choix original de la couverture ? Que reste-t-il du projet initial et novateur de centre commercial de Jean Nouvel au sein d'Euralille sinon quasiment rien ? Et faut-il considérer L'Atoll, livré en 2012 en périphérie d'Angers, comme une réussite au motif qu'il emprunte la forme d'une soucoupe volante plutôt que celle d'une « boîte à chaussures » pour, expliquent ses promoteurs[92], « *protéger les environs des nuisances associées au commerce* » (sic) ? Il peut y avoir dans ce type de geste, comme dans toute création en plein champ ou en entrée de ville, de la beauté mais cette beauté n'en reste pas moins hors-sol, sans aucune fonctionnalité urbaine, sinon celle de détricoter ce qui existe par ailleurs.

Sauf à heurter les préférences esthétiques des élus qui n'ont pas la capacité de refuser ces cagnottes tombées du ciel, cette beauté a tout, qui plus est, d'une beauté facile, puisqu'il est à peu près possible en ces *no man's land* de tout imaginer et de tout se permettre. Tout, n'importe quoi, y compris parfois le moins pire, pour peu que le commanditaire y mette un minimum de moyens financiers. Dans un article aussi cruel que lucide sur le centre commercial La Petite Madeleine construit en banlieue de Tours, le magazine *Chroniques d'architecture* souligne combien, malgré d'évidentes qualités intrinsèques, ce nouveau centre de la Compagnie de Phalsbourg, crée « *de toutes pièces des "rues commerçantes" sur un plancher de bois et une jetée n'allant nulle part qui ressemblent au final* à *ces quartiers touristiques chinois reconstruits sur des fantasmes de meilleur des mondes consuméristes*[93] ». Les architectes des *retail parks*, ces zones où chaque enseigne défend sa spécificité de marque mais si possible avec un peu plus d'ordre et d'harmonie que par le passé (ce qui n'est pas bien difficile) se défendent comme ils peuvent. « *Ce n'est pas parce que les gens vont faire du shopping à bas prix qu'ils doivent nécessairement le faire dans un bâtiment* cheap. *C'est le rôle de l'architecte que d'offrir de la qualité, quelle que soit la typologie d'usagers*[94]. » Soit, mais l'effort architectural, qu'il soit méritant ou dérisoire, doit-il consister à concevoir des parcs commerciaux pour pauvres ? Et l'architecture mérite-t-elle encore son nom dans ces cas-là ?

QUATRIÈME PARTIE

Une guerre totale

CHAPITRE 11

Bagarre à tous les étages

« Une ouverture est toujours un pari, d'autant qu'il ne faut pas oublier qu'il y a aussi Auchan. Ce sera la bagarre. »

Bertrand Le Côme, PDG de la Scapartois, coopérative régionale d'approvisionnement de E. Leclerc

La guerre des zones commerciales n'oppose pas seulement de grandes entreprises à quelques commerçants inquiets ou militants écologistes. Il arrive aussi qu'un projet d'implantation suscite l'opposition déclarée des élus, voire de concurrents. Quitte à porter le différend devant les tribunaux…

Contrairement à ce que l'on pourrait penser, la guerre des zones commerciales n'oppose pas toujours de grandes enseignes à des commerçants « frileux » ou à des « beatniks amoureux des vaches et des prés ». Qui imaginerait par exemple que des élus unis, toutes tendances confondues, contre l'implantation d'une zone commerciale soient contraints de plier face à la toute-puissance d'un acteur de la grande distribution ? *A priori* un tel scénario semble invraisemblable. Et pourtant, à l'heure où j'écris ces lignes, c'est bien ce qui pourrait se passer à Caen[95].

L'histoire commence sous les meilleurs auspices en 2008. Cette année-là, Ikea annonce son intention d'ouvrir un magasin sur l'agglomération de Caen. Pour la capitale de la Basse-Normandie (aujourd'hui intégrée à la grande région Normandie), cette arrivée prochaine est perçue comme un juste rééquilibrage par rapport à Rouen où l'enseigne bleue et jaune vient tout juste d'ouvrir un magasin. Comme la plupart de ses collègues et de ses administrés, le député-maire de Caen voit dans l'implantation de l'entreprise suédoise un signe positif, un symbole fort, un « *marqueur de modernité* ».

À l'exception d'Intermarché qui dépose un recours (dont l'enseigne négociera après coup le retrait), personne ne remarque un détail : pourquoi Ikea a-t-il acheté 49 000 m² de terrain alors que le permis de construire ne porte que sur 19 500 m² ? Chaque implantation d'une grande surface prévoit l'achat d'un terrain plus grand que nécessaire pour procéder à des extensions ultérieures. Mais, dans le cas de Caen, Ikea s'apprête à pratiquer ce que les professionnels du marketing appellent la « stratégie du pied dans la porte ». La méthode, en vogue chez les constructeurs d'hypermarchés et de centres commerciaux, consiste à déposer une demande de permis de construire limitée à un projet consensuel, un magasin et ses annexes, puis, dans la foulée de l'ouverture, à déposer une demande plus controversée, par exemple une extension pour accueillir des types de commerces que l'on retrouve en centre-ville (habillement ou alimentaire par exemple).

LA TECHNIQUE DU PIED DANS LA PORTE À METZ, PERPIGNAN, BAYONNE...

La technique du pied dans la porte se pratique à travers toute la France. À Metz, un projet de centre commercial de périphérie baptisé Waves, qui devait être consacré à l'aménagement de la maison, s'est diversifié dans l'équipement de la personne. Son promoteur, la Compagnie de Phalsbourg, également propriétaire de L'Atoll, accueille des enseignes jusque-là implantées en centre-ville. À Perpignan, le projet de périphérie Carré d'Or initialement consacré à l'ameublement fait aussi dans la mode : bagagerie, vêtements, sous-vêtements, chaussures, collections pour enfants... Le centre commercial se paie même le luxe d'afficher deux enseignes connues : Jules et Jennyfer. Autre exemple : Ikea, un grand spécialiste du genre. Alors que son magasin vient juste d'ouvrir en périphérie de Caen, l'enseigne dépose une demande d'autorisation pour un projet d'agrandissement autour d'une grande galerie commerciale de 30 000 m^2, composée d'un hypermarché de 6 000 m^2 et de 70 boutiques. Ce développement imprévu contrevient à tous les engagements de non-concurrence vis-à-vis des commerces de centres-villes pris par l'enseigne (voir page 116). Pas d'état d'âme non plus à Bayonne. Là-bas, les commerçants ont obtenu que le projet d'Ikea soit revu à la baisse. Qu'à cela ne tienne. Droit dans ses bottes, le directeur du développement du groupe suédois s'empresse de déclarer dans la presse locale que rien n'est joué : « *Le 8 octobre (2014), la CNAC*[96] *n'a pas dit "non". Elle a dit qu'il convenait d'attendre.*

Nous préparons le dépôt d'une nouvelle demande d'autorisation, qui répondra mieux aux arguments avancés par la commission[97] . » **Même pratiques en Belgique. Après avoir évoqué une extension de 5 000 m² pour son magasin d'Arlon, Ikea crée la surprise en déposant une demande pour le double, 10 000 m² afin d'accueillir des enseignes d'équipement de la maison, mais aussi de sport et de puériculture. Oubliant opportunément sa promesse de ne pas déstabiliser le commerce de centre-ville.**

Ikea ouvre à Caen en 2011 et, coup de théâtre, dépose quelque temps plus tard une demande d'exploitation pour une grande galerie commerciale de 30 000 m². Plus question cette fois-ci de se limiter à l'équipement de la maison, il s'agit désormais d'accoler aux entrepôts d'Ikea un hypermarché, 15 moyennes surfaces et près de 70 boutiques ! Pour le géant suédois du meuble en kit, l'enjeu est important. Il ne s'agit pas d'un énième Ikea, mais d'un Inter Ikea. Pas un entrepôt jaune et bleu de plus, mais une zone commerciale complète.

Vendre du meuble ne suffit plus à l'enseigne suédoise. Comme la grande distribution alimentaire, elle veut monnayer ses millions de visiteurs auprès d'autres enseignes et diversifier ses ressources par le produit de baux commerciaux. Et pas question de se limiter aux créneaux habituels des zones commerciales de second rang comme le bricolage, la jardinerie, les achats alimentaires de première nécessité… Non, Inter Ikea prévoit des commerces habituellement situés en centre-ville, notamment des enseignes de vêtements, qui ont la capacité de générer du trafic quotidien.

BRANLE-BAS DE COMBAT CHEZ LES ÉLUS

Les maires de l'agglomération dénoncent ce brusque revirement et la menace que le nouveau projet fait peser sur l'avenir des commerces de centre-ville. Les élus refusent que le centre commercial d'Ikea fonctionne comme une pompe aspirante. Les clients qui choisiront d'y faire leurs courses ne viendront plus à Caen. Ou en tout cas beaucoup moins. Dans ce contexte pour le moins tendu, un seul élu de l'agglomération défend le projet, le maire de Fleury-sur-Orne. Une position sans surprise. Comme toujours, l'élu de la commune d'implantation, celle qui profite directement du projet, le défend sans état d'âme, et tant pis si cela doit impacter négativement toutes les communes alentour.

Même si, en dix ans, l'autorisation de 228 000 m² de surfaces commerciales fait de Caen l'une des agglomérations les mieux pourvues de France, la Loi de Modernisation de l'Économie interdit aux élus d'invoquer l'argument du suréquipement commercial. Fort heureusement pour Caen, les élus se sont mis d'accord depuis le dépôt du premier dossier sur un document qui encadre l'urbanisation du territoire. Ikea l'ignore à l'époque mais le Schéma de cohérence territoriale (Scot) de Caen-Métropole adopté en 2011 prévoit « *la réalisation de stationnements en ouvrage* » et des constructions sur au moins deux niveaux pour « *les ensembles commerciaux portant sur une surface hors œuvre nette de bâtiment de plus de 10 000 m²* ». Pour une raison simple : le principe des zones commerciales repose sur de gigantesques entrepôts et de grands parkings de surface, à la fois pour des questions de coût et de visibilité. Le Scot vise à limiter cette pratique.

À l'heure où j'écris, c'est bien ce petit grain de sable qui a de fortes chances de faire échouer le projet d'Inter Ikea. Comme quoi, lorsque les élus savent s'organiser et privilégier leur intérêt commun, il est possible de repousser une grande enseigne : David peut vaincre Goliath.

LA RIVIERA AU CŒUR DES CONVOITISES

Il arrive aussi que la guerre tourne à l'affrontement sur la place publique entre poids lourds de la distribution. Le fait est rare. En affaires, on a coutume de régler ses différends en toute discrétion et à l'amiable. Que deviendrait le secteur si ses acteurs commençaient à déposer des recours les uns contre les autres ? Un immense foutoir préjudiciable au business ! D'où un *gentleman agreement* qui veut que l'on ne s'attaque pas entre concurrents. En tout cas pas publiquement. Et pourtant, il arrive que les acteurs enfreignent la règle quand le marché en vaut vraiment la chandelle. L'actualité en fournit un exemple récent.

L'objet du contentieux ? Ni plus ni moins que le très lucratif marché de la Côte d'Azur. Pendant longtemps, celui-ci a été dominé par Cap 3 000, propriété d'Altarea Cogedim depuis 2010. Situé à Saint-Laurent-du-Var, face à la mer, c'est l'un des plus anciens centres commerciaux de France (sa création remonte à 1969) et jusqu'à une date récente, le plus important de la région.

Bien que construit sur une zone inondable, le centre a pu accompagner le développement du marché en procédant à trois extensions successives. Avec 8 millions de visiteurs par an et 340 millions d'euros de chiffre d'affaires en 2009, il se classe huitième des centres commerciaux français et cinquième par son rendement au mètre carré. Une superbe performance qui s'est longtemps expliquée par l'absence réelle de concurrence

Enfin, ça, c'était vrai avant qu'un autre méga pôle commercial ne voie le jour avec l'ouverture du Polygone Riviera. Situé à Cagnes-sur-Mer, ce nouveau centre a éclos en 2015 à l'instigation de Socri, une foncière familiale (propriétaire notamment du Polygone de Montpellier), à laquelle s'est rapidement associé le numéro 1 du marché de l'immobilier commercial, Unibail-Rodamco.

Le coup a constitué un coup dur pour Altarea Cogedim. Si le nouveau venu ne fait « que » 120 000 m² contre 134 000 pour Cap 3 000, Le Polygone a donné un coup de vieux à son concurrent en misant résolument sur un format haut de gamme et une organisation de l'offre qui lui a valu le prix d'excellence du Conseil National des Centres commerciaux, celui du meilleur centre commercial européen dans la catégorie des plus de 20 000 m² lors des derniers ICSC European Awards, récompense suprême dans la profession, sans oublier un label 4 étoiles, créé il est vrai par le propriétaire lui-même.

ARRIVÉE D'UN TROISIÈME CONCURRENT : LA COMPAGNIE DE PHALSBOURG

Même si l'effet de curiosité s'est émoussé, Altarea ne pouvait pas faire autrement que de passer à la contre-attaque en investissant lourdement sur sa pépite du sud. Objectif : porter la superficie de Cap 3 000 à 170 000 m² pour doubler le nombre de boutiques. Au vu du montant des investissements qu'Altarea Cogedim s'apprête à injecter pour défendre un pré carré déjà mis à mal, l'annonce fin 2016 d'un troisième méga pôle a fait l'effet d'une bombe.

Baptisé Open Sky, ce projet de quelque 100 000 m² de surface aux portes de Sophia-Antipolis, sur le territoire de Valbonne, ambitionne de créer 60 000 m² de surfaces commerciales, 10 000 m² consacrés aux loisirs et à la restauration, 20 000 m² de bureaux, 10 000 m² d'hôtel et 2 800 places de parking. Autant dire que la charge est lourde. L'enjeu est à ce point jugé sérieux qu'Altarea a aussitôt intenté un recours en justice contre ce nouveau projet.

S'il est trop tôt pour présager de l'issue de la bataille juridique, la bataille médiatique, elle, a bien commencé. Altarea Cogedim se garde bien de commenter son recours, mais David Lisnard, maire Les Républicains de Cannes et vice-président du département, dénonce « *l'explosion délirante* » des grands centres commerciaux[98], affichant son refus « *de vivre à Dubaï*[99] *!* ».

Open Sky, lui, est défendu par l'ancien maire de Valbonne, le sénateur socialiste Marc Daunis. Celui-ci mobilise la batterie traditionnelle des éléments de langage en pareil cas lorsqu'il s'agit de justifier l'ouverture d'un nouveau centre : la nécessité de lutter contre l'évasion forte des consommateurs de la communauté d'agglomération de Sophia-Antipolis, mais aussi, de façon plus surprenante, la volonté de lutter contre l'affaiblissement des centres-villes. Il est épaulé sans surprise par le président de la Compagnie de Phalsbourg, Philippe Journo, qui nie vouloir faire un énième centre. « *Cela sera autre chose, sans équivalent* », dit-il, reliant le destin de son projet à la nécessaire modernisation de la technopole du sud : « *Il est temps de lancer le Sophia-Antipolis 2.0*[100]. »

Hasard ou coïncidence ? Alors que l'utilité publique du projet est contestée par Altarea Cogedim, le conseil de la communauté d'agglomération Sophia-Antipolis (Casa) a décidé de suspendre la mise en œuvre de la ZAC où se situe le futur centre commercial Open Sky pour l'intégrer dans un nouveau périmètre d'utilité publique lié à la création d'une future gare TER. On parle désormais de 2020 pour Open Sky. Mais qu'est-ce que deux ans à l'échelon de projets qui demandent souvent plus de dix ans à voir le jour ? En réalité, peu de chose.

Cela dit, la décision d'Altarea Cogedim d'attaquer le projet de la Compagnie de Phalsbourg marque un tournant historique. Cette décision crée un précédent dans l'univers des opérateurs alors que le marché se durcit. Elle présage par ailleurs d'une bataille commerciale qui devra mobiliser autre chose que de simples slogans. L'époque où les mouchoirs étaient réservés aux petits commerçants serait-elle en passe de s'achever ?

CHAPITRE 12

Des centres-villes dans la spirale infernale du déclin

« Dans de nombreux cas, il est à craindre une aggravation des situations de vacance commerciale observées pouvant même aller jusqu'à la disparition de certaines centralités commerciales dans les villes moyennes. »

Rapport de l'Inspection Générale des Finances et du Conseil Général de l'Environnement et du Développement durable, juillet 2016

Fut une époque où il ne serait venu à l'idée de personne d'aller faire ses courses en périphérie. Les centres des villes moyennes et des bourgades étaient florissants. C'était il y a cinquante ans. Une éternité.

Si les périphéries ne cessent de renforcer leur attractivité commerciale, la situation est bien différente pour les commerçants des centres-villes. En 2017, le taux de vacance des commerces de centre-ville s'établissait à 11,1 % hors Île-de-France. En 2012, ce chiffre n'était que de 7,2 % et de 9,5 % en 2015. Plus grave, d'après l'étude menée en 2017 par la Fédération du commerce spécialisé Procos : « *62 % des centres-villes observés ont un taux de vacance supérieur à 10 %, limite symbolique considérée comme critique. Ils étaient seulement 10 % en 2001.* » Les villes les plus touchées par ce phénomène ? Les villes de moins de 200 000 habitants qui ont un taux de vacance moyen de 12,2 % (+ 2,71 % par rapport à 2015), contre 11,6 % pour celles qui comptent entre 200 000 et 500 000 habitants (+ 1,92 %) et seulement 8,7 % pour celles de plus de 500 000 habitants (+1,5 %).

LE TERRIBLE CERCLE VICIEUX DE LA PAUPÉRISATION

Le déclin suit un processus aussi invariable que difficilement perceptible à ses débuts : face à la concurrence de plus en plus vive des zones de périphérie, les fermetures se multiplient, le taux de rotation grimpe, le temps de vacance s'allonge. Jusqu'au jour où la multiplication des pancartes immobilières impose l'évidence : le commerce va mal. Très mal. Les propriétaires ne trouvent plus de repreneurs et les commerçants qui résistent ont de plus en plus le sentiment de faire partie des derniers des Mohicans.

Passé un certain seuil de destruction d'activités commerciales, le centre-ville entre dans un cercle vicieux ; la crise s'aggrave. Moins de commerces en centre-ville, c'est moins de services, bien sûr, mais aussi moins de fréquentation, moins de vie, moins d'animation. Les centres-villes perdent leur attractivité, notamment auprès des classes moyennes et supérieures qui, face à une dégradation du cadre de vie et de la sécurité, préfèrent partir emménager en périphérie dans des maisons avec jardin. Ce mouvement centrifuge entretient et amplifie la paupérisation enclenchée par les vitrines vides. Ultime étape de la crise : la chute des prix de l'immobilier, et la dégradation du patrimoine privé que les propriétaires se refusent à rénover tant que le marché n'aura pas donné des signes de reprise. Le développement d'un habitat insalubre ne fait alors qu'aggraver la situation, bouclant solidement le cercle vicieux.

LA FAUTE À DES LOYERS TROP ÉLEVÉS ?

Pour de nombreux commerçants et élus, des loyers trop élevés aggraveraient la vacance commerciale qui frappe durement certaines villes. Pour vérifier le bien-fondé de cette opinion de plus en plus répandue, l'Institut des Territoires a comparé en 2018 le taux de vacance et le prix moyen de location des vingt-cinq villes les plus atteintes par la vacance commerciale[101]. L'étude a permis de démontrer que le niveau des loyers commerciaux constitue moins un facteur aggravant de la crise que le signe le plus visible de villes en perte de vitesse et d'attractivité. Alors que des loyers trop élevés sont soupçonnés d'acculer les commerçants à la fermeture et de retarder la reprise des locaux, seules trois villes parmi les 25 communes les plus touchées par la vacance commerciale, Annonay, Forbach et Vichy, sont peu ou prou dans ce cas. Dans ces trois villes, le risque d'un alignement par le bas des loyers des artères jusque-là relativement épargnées par l'évolution générale de la vacance ne peut être exclu, une évolution qui appelle de la part des élus une réflexion sur la redéfinition du périmètre du centre-ville.

Ce rôle marginal des loyers sur le taux élevé de vacance est confirmé par une des rares études réalisées sur ce sujet en 2014 pour la Chambre de commerce et d'industrie de la Vienne. Selon un de ses responsables, Olivier Algranti, interrogé par *La Nouvelle République* : « *Il y a le développement très fort de la périphérie ces dernières années qui crée une concurrence. Il y a aussi à Châtellerault des ménages qui ont un pouvoir d'achat en baisse, ce qui joue forcément sur la consommation dans les commerces. D'autres ménages préfèrent dépenser moins. Enfin, il y a aussi le changement des comportements des consommateurs, qui consomment autrement, différemment sur Internet.* » Le constat est le même à Lorient (Morbihan) d'après une enquête menée par Audelor, l'agence d'urbanisme, de développement économique et Technopole du Pays de Lorient.

QUAND LES PROPRIÉTAIRES CHERCHENT À VENDRE FAUTE DE LOUER

Face à l'exil des commerces les plus rentables vers les périphéries et à une attractivité du centre-ville qui s'érode d'année en année, on peut comprendre alors la réticence des propriétaires à louer leurs locaux à des commerçants plus fragiles financièrement. La peur d'être confrontés à des impayés pousse inévitablement les propriétaires à privilégier la vacance de leurs locaux plutôt que la location risquée de ceux-ci.

Loin d'être blâmables, ces comportements résultent d'un simple calcul coût/avantage dans un contexte où seuls les commerces les moins attractifs restent en centre-ville. Pour certains, il n'est pas question de brader leurs locaux comme l'explique Véronique Debelle, adjointe au maire chargée du commerce (LR) à Caen (Calvados) : « *Certains propriétaires ont les moyens d'attendre une bonne proposition. Ce qui explique que certaines boutiques restent vides durant de longs mois*[102]. » Si la taxe sur les locaux commerciaux vacants peut avoir du sens dans les métropoles naturellement attractives, il en va différemment dans les villes moyennes où la vacance commerciale est importante et où les propriétaires sont eux aussi victimes de la crise d'attractivité des centres-villes.

CHAPITRE 13

Des élus pris entre le fer et l'enclume

« Le projet de Carrefour, c'est de recréer un centre-ville dans la zone commerciale ! »

Daniel Vailleau, maire d'Angoulins-sur-Mer, novembre 2016, opposant déclaré au projet Carrefour

Entre fuite des consommateurs attirés par la grande distribution en périphérie, grogne des commerçants contre tout changement, faiblesse des moyens, les centres-villes vont mal. En leur for intérieur, les élus s'interrogent : ne vaut-il pas mieux une zone commerciale chez soi que chez le voisin ?

Et dire que les villes moyennes étaient si florissantes ! De beaux bâtiments publics, un vaste marché et de grandes maisons bourgeoises. Un mariage réussi entre le passé et la modernité. Une économie dynamique et une confiance inébranlable en l'avenir. Enfin, ça c'était hier. Car depuis les années 2000, la situation s'est singulièrement dégradée.

Aujourd'hui, la crise des villes moyennes est devenue telle que les géographes Daniel Béhar et Philippe Estèbe n'hésitent plus à parler « *d'espaces en voie de disparition* ».

Il est vrai que le ciel de ces communes n'a pas arrêté de s'assombrir depuis les années 1970 : fermeture de la « grande entreprise du coin », mise à l'écart du maillage TGV, tribunaux, casernes et hôpitaux rayés de la carte par la révision générale des politiques publiques (RGPP), réorganisation des services déconcentrés de l'État…

Ainsi, les promoteurs ne sont pas les seuls responsables de la folie de construction. Les élus leur prêtent souvent main-forte car il est bien difficile de refuser l'implantation d'une zone. Adieu, veaux, vaches, cochons, couvée…

UNE ZONE COMMERCIALE À DÉFAUT DE MIEUX

Affaiblies par la fermeture de services publics, cure d'amaigrissement de l'État oblige, et par la crise qui lamine les entreprises, les caisses des communes se vident, et les élus sont souvent réduits à revoir leurs promesses de campagne en matière d'investissement. Pas plus que les villes, les intercommunalités n'ont aujourd'hui les moyens de financer de constructions spectaculaires. À défaut, un centre commercial apparaît souvent comme le seul projet réaliste d'un mandat. Car un promoteur privé paiera le terrain et financera la construction de cet équipement, voire de ses accès, proposera des emplois et versera son écot fiscal. Peu de maires résistent à de telles sirènes.

Les promoteurs exploitent à fond cette logique et ne se privent pas de mettre en concurrence les territoires. Voyant son projet retoqué sur Béziers, le dirigeant de la société

Orchestra, Pierre Mestre, déclarait dans *Le Midi Libre* : « *Je n'ai quand même pas l'habitude d'être accueilli comme ça !* », et ajoutait : « *Aujourd'hui, les municipalités, quand on leur met sur la table des emplois sérieux, solides en CDI... ne refusent pas ce genre de propositions.* » L'interview en dit long sur l'état d'esprit du promoteur, habitué à avoir face à lui des maires conciliants. Faute d'autorisation à Béziers, Orchestra est allé plaider sa cause auprès du maire de Nîmes en prévenant qu'en cas de difficulté durant les négociations, le groupe irait s'implanter dans le Pas-de-Calais. Avis aux élus réfractaires !

Conscients du risque de cette extrême mobilité des projets, les élus sont condamnés à plier. Le chantier du centre commercial Muse presque achevé (un de plus après Waves), les baux signés et le centre commercial quasiment plein, le maire de Metz concède que « *ce projet met en péril directement le centre-ville et déséquilibrera toutes les villes de l'agglomération* ». Ce *mea culpa* surréaliste n'empêche évidemment pas Muse d'ouvrir trois mois plus tard. À Perpignan également, Jean-Marc Pujol menace en août 2014 le promoteur du Carré d'Or de lui faire revoir sa copie pour cause de tromperie sur la marchandise sans pour autant aller plus loin. Alors qu'il avait pris position contre le projet durant les dernières élections municipales, il a même finalement décidé de proroger le permis de construire déclarant : « *Je l'ai signé parce que le refus de le faire pouvait entraîner des conséquences financières importantes pour la Ville.* »

CALAIS : 40 MILLIONS DANS LA « RIVIÈRE »

Calais (près de 77 000 habitants) confirme que certains maires sont disposés à se montrer particulièrement accueillants et même combatifs pour avoir leur zone, pardon leur « parc commercial ». L'histoire récente de la ville est marquée par la « Jungle ». Bientôt, l'élue Les Républicains, Natacha Bouchart, en est convaincue, on parlera enfin de la commune pour sa « Rivière Neuve ». Rivière Neuve, c'est le nom d'un grand projet de zone commerciale. La maire en est fière. Il faut dire qu'à Calais on ne voit pas tomber du ciel tous les jours 40 millions d'euros. Alors quand un événement pareil arrive, ça se fête !

Sur une zone de 17 hectares : un Leclerc de 6 000 m², un Brico Dépôt, une galerie commerciale avec une « *quinzaine de concepts spécialisés Leclerc* », comme Le Manège à Bijoux, la parfumerie Une Heure pour Soi, un centre auto Leclerc et une parapharmacie Leclerc. À ce premier ensemble de 15 000 m², s'ajoutera un espace de restauration de 500 m² et une surface commerciale complémentaire de 3 600 m², ouverte aux autres enseignes spécialisées. Faites les comptes, et vous verrez qu'il reste de la place pour accueillir plein d'autres commerces. Ce n'est donc qu'un début.

Depuis l'annonce, les autres hypermarchés déjà présents sur la ville, mais aussi leurs employés, font grise mine. Carrefour l'a mauvaise. Il est le plus proche de Rivière Neuve. Il sera donc le plus impacté. Qu'à cela ne tienne. Natacha Bouchart n'aime pas les mauvais coucheurs. En pareilles circonstances, personne n'a le droit de bouder son plaisir. Le directeur de Carrefour a donc dû se prêter, bon gré, mal gré, à une séance photo avec madame la maire et son futur concurrent de chez Leclerc. Regard fixe, sourire crispé. Qu'importe. Clic clac, c'est dans la boîte.

Autre victime collatérale : le centre-ville déjà bien mal en point. Le taux de vacance commerciale y est l'un des plus importants de France : plus de 15 % des commerces sont inoccupés. Symbole du naufrage, le centre commercial des 4B situé en centre-ville que la commune avait racheté en 2014 pour éviter une fermeture pure et simple. Le taux de vacance y avoisinait alors 50 % et accusait une perte incroyable de 37 999 999 euros (un chiffre comme ça, cela ne s'invente pas). Autant dire que, même pour un euro symbolique, son propriétaire était soulagé de se débarrasser d'un tel boulet. Et pour faire bonne mesure, Natacha Bouchart accompagnait cette reprise d'un plan de relance du centre-ville de Calais d'un montant de 1,4 million. Cet investissement-là, sur le centre-ville, risque bien de se révéler inutile face au monstre que madame le Maire rêve de voir naître en marge de la ville.

RELANCER UN CENTRE-VILLE EN PERTE DE VITESSE : PAS SIMPLE

Contrairement à d'autres pays auxquels on compare la France, nos villes ont des centres anciens. Beaucoup remontent au Moyen Âge. Quelques-uns, plus rares, aux XVIIe et XVIIIe siècles. C'est là que les rues sont les plus étroites, les immeubles les plus vieux, les travaux d'aménagement les plus problématiques et les plus coûteux. Un facteur de charme et une chance pour l'attractivité de la France. Une malédiction de plus en plus évidente pour les professions qui y exercent. Dans la majeure partie des petites villes et des villes moyennes, les commerçants et les artisans peinent à survivre. Toute nouvelle obligation menace d'affaiblir un peu plus ces professionnels face à des zones commerciales de périphérie qui ne supportent ni les mêmes contraintes urbaines, ni les mêmes coûts.

C'est vrai que les commerçants ne facilitent pas la tâche des élus. Un tramway ou un arrêt de bus, des rénovations, l'aménagement d'une voie piétonne, l'ouverture d'un centre commercial au cœur de la ville… ces opérations d'urbanisme se heurtent à une opposition d'autant plus déterminée de la part des commerçants qu'ils ont le sentiment d'être placés devant le fait accompli. Les maires, qui ont fini par le comprendre, et pas seulement à droite, jouent désormais la carte de la concertation. C'est vrai aussi que les politiques menées n'ont pas toujours rencontré le succès escompté. Face à un problème structurel devenu difficile à enrayer, les centres-villes ne sont pas aidés comme l'ont été les banlieues. Aujourd'hui, les politiques cosmétiques montrent leurs limites. À moins d'opter pour une résignation qui ne dit pas son nom ou se limiter à ralentir le déclin, il ne suffit plus d'organiser des animations pour espérer redynamiser un centre-ville. Chacun sait qu'une fois la fête terminée, la réalité n'aura en rien changé.

C'est vrai également que les zones franches[103] ont parfois fait beaucoup de mal. Dans certaines villes, le recours à cette possibilité a créé un véritable effet d'aubaine. Des professions libérales sont parties du centre pour s'installer en zone franche. Le quotidien *L'Aisne Nouvelle* s'en faisait l'écho en 2013 : la zone franche de la ville de Saint-Quentin, 56 000 habitants « *aurait participé à la désertification du centre-ville* ».

MORTELLE FASCINATION DES PETITES VILLES POUR LES GRANDES

Trop de villes moyennes ont péché par excès d'orgueil ou de confiance en elles. À vouloir imiter les grandes agglomérations dans leur politique de circulation et de stationnement, les élus ont multiplié les contraintes des automobilistes et surestimé la motivation des habitants de la périphérie à venir coûte que coûte en centre-ville.

L'aménagement de rues entièrement piétonnes au cœur de la ville connaît depuis trente ans un succès indéniable. Après la Seconde Guerre mondiale, certaines villes allemandes en partie détruites, comme Munich et Francfort, en avaient déjà fait une spécialité, avec la création de grandes artères piétonnières au milieu des commerces et des monuments historiques du centre. En France, la piétonnisation du grand quartier commerçant Montorgueil-Les Halles, à Paris au début des années 1990, est un autre exemple bien connu.

À Pau, Angers, Narbonne ou Montauban, l'heure n'est plus au tout piéton. À Nantes, le président de la CCI souligne « *qu'il y a une clientèle à fort pouvoir d'achat qui n'utilise que sa voiture. On ne veut donc pas la bannir, mais être sur une piétonnisation intelligente qui permette l'accès au centre à tous* ».

Conséquence de la crise économique ou de la concurrence accrue des zones commerciales de périphérie, reflet d'une sensibilité de droite plus favorable à l'automobile ? Sans doute un peu tous ces facteurs mais une tendance inimaginable il y a peu se dessine : beaucoup d'élus de villes moyennes, constatant la perte d'attractivité de leurs centres-villes, misent sur le retour des automobilistes pour redynamiser un commerce local mis à mal par la multiplication des zones commerciales en périphérie. Un vrai revirement après plusieurs décennies de politiques favorables aux modes de transport alternatifs…

Réduire les tarifs de stationnement en centre-ville s'impose pour un nombre croissant de villes comme une nécessité évidente. Mais comme souvent la question du financement pose problème. Faciliter la circulation automobile dans le centre est un autre volet de la nouvelle politique actuelle. Une volonté là encore souvent incarnée par les nouveaux maires. Quitte à revenir sur des réalisations ou promesses de l'ancienne équipe municipale, des zones piétonnes redeviennent des « zones 30 » et des pistes cyclables sont supprimées. Les villes moyennes n'hésitent pas à modifier leur plan de circulation pour simplifier l'accès au centre. Le problème que rencontre aujourd'hui une majorité de communes vient de ce qu'elles ont voulu imiter les grandes métropoles sans en avoir les moyens, tout en sous-estimant un point important : si à l'origine, les grandes agglomérations ont voulu limiter l'accès de la voiture, ce n'était pas tant pour y rendre la vie des piétons plus agréable ou l'air moins pollué, mais pour éviter l'asphyxie de la circulation automobile. Seulement, pour les villes moyennes, ce problème-là est devenu beaucoup moins crucial que celui de la crise de leurs centres-villes. Ce qui explique cette tendance lourde au rééquilibrage entre voitures et piétons.

D'ailleurs, certaines municipalités ne suivent pas cette tendance, confirmant que rien n'est encore gravé dans le marbre. Ainsi, la piétonnisation du centre-ville de Noyon ressurgit régulièrement depuis 2010. En attendant, une journée sans voiture, certes une opération moins ambitieuse que prévu, a été organisée en septembre 2017. Paris, de son côté, poursuit son combat contre les automobilistes après l'élection d'Anne Hidalgo. Quant aux grandes métropoles de l'ouest, comme Nantes, Bordeaux ou Toulouse, elles ne jurent que par le développement des « mobilités douces » et vont élargir leur offre, déjà conséquente, de pistes cyclables au détriment de la route. Des options différentes qui montrent que le « tout automobile » des années 1970 n'est pas près de réapparaître en France.

CHAPITRE 14

Quand les commerçants indépendants se jettent dans la gueule du loup

« Les places (dans un centre commercial) sont rares, les charges financières élevées et le pari toujours risqué, surtout en tant qu'indépendant. »

dynamique-mag.com, octobre 2017

Victimes de la désertification des centres-villes, nombreux sont les commerçants indépendants à penser trouver dans les centres commerciaux une planche de salut. La désillusion est parfois cruelle…

Tout y paraît tellement plus simple et séduisant. Le stationnement, la concentration des commerces et leur organisation optimale dans l'espace, la signalétique, la propreté sans oublier la sécurité… Et puis, il y a ces chiffres d'affaires qui, dans une période morose, font forcément rêver des commerçants confrontés à la baisse d'attractivité des centres-villes.

Jusqu'à maintenant, les gestionnaires des centres commerciaux n'ont pas à se plaindre. En 2016 et 2017, les revenus locatifs d'Unibail-Rodamco (qui n'avait pas encore acheté Westfield) ont progressé à périmètre constant respectivement de 3,4 % et 3,7 %. Même évolution du côté de Klépierre, l'autre géant du secteur : +3,3 % en 2016 et +3,5 % en 2017. Et les commerçants des centres ne sont pas en reste. Du côté de Klépierre, leur chiffre d'affaires augmente de 1,6 % en 2016 et de 2,1 % sur 2017. Du côté d'Unibail, le constat est encore plus satisfaisant puisque les progressions sont de +1,4 % en 2016 et de +3,7 % en 2017, dont +4,7 % pour le seul marché français. Même constat général du côté d'Altarea Cogedim qui affiche une augmentation de 3,7 % de ses loyers nets en 2017.

Encore faut-il avoir conscience que ces bons résultats ne sont, du côté des commerçants, qu'une moyenne qui cache des situations très différentes. Car tout n'est pas rose dans les centres commerciaux. Non que les boutiques à louer soient rares – pas au moment des lancements, en tout cas –, mais les commerçants indépendants peuvent y laisser leur chemise en pensant avoir trouvé dans les centres un paradis où les clients convergent immédiatement et en masse. Ici, comme partout, l'avenir d'un nouvel équipement comporte sa part d'aléa et donc de risque[104]. Et pour le limiter au maximum, mieux vaut être puissant que petit, en réseau qu'isolé, expérimenté que néophyte. Quitte à simplifier, on peut en fait distinguer trois grandes catégories de commerces.

DES LOCOMOTIVES STAR INDISPENSABLES

Les loyers dans un centre commercial ne sont pas fixés en fonction du mètre carré. D'abord, parce que selon la règle première du commerce, tous les emplacements ne se valent pas. Ensuite, parce que tous les commerces ne peuvent espérer la même rentabilité ni apporter le même nombre de clients à l'ensemble des détaillants du centre.

En haut du panier, tels des phares du commerce, les enseignes disposant d'une attractivité hors du commun sont les pièces maîtresses des centres. Sans elles, il est difficile, voire impossible, de réussir le lancement d'un centre commercial. Les clients viennent de loin et en nombre pour elles. Ces locomotives – pendant longtemps des hypermarchés, de plus en plus un club ultra restreint d'enseignes spécialisées, comme les grands magasins, Zara ou Primark –, génèrent du flux et donc des clients pour les autres commerces[105].

Le rapport de force leur étant favorable, ces enseignes dictent leurs conditions : des ristournes sur le loyer, un allègement des charges, le financement des travaux du magasin… Ces stars se font toujours désirer, souvent même prier et savent décliner une invitation, rarement pour des questions financières, mais parce qu'elles doutent de l'intérêt commercial du nouveau centre. Un mauvais signal pour les autres enseignes, forcément.

DES GRANDS RÉSEAUX TRÈS « *BANKABLE* »

Les grands réseaux – ceux qui couvrent l'ensemble du territoire et ont besoin de surfaces importantes pour chaque point de vente –, constituent le cœur de cible des centres commerciaux, une clientèle sans problème et plus rentable que les locomotives. La négociation avec la foncière peut porter exclusivement sur le nouvel équipement commercial ou sur l'ensemble des points de vente présent dans les centres du groupe, en France et à l'international. On trouve dans cette catégorie, des enseignes telles que Fnac, Sephora ou H&M.

La plupart sont regroupées au sein de Procos et apprécient moyennement que les centres dictent leurs conditions. En 2014, l'association professionnelle défrayait la chronique en reprochant aux foncières de pratiquer des loyers excessifs, mais aussi de multiplier les ouvertures favorisant ainsi une augmentation de la vacance et une diminution du chiffre d'affaires par point de vente[106]. Depuis, chacun a rangé les armes. Après le palmarès des villes les plus touchées par la vacance commerciale qui pointait du doigt la responsabilité des centres et des enseignes, Procos a choisi de publier un palmarès plus optimiste, celui des villes où le commerce se porte bien. Face à des élus inquiets de la concurrence des centres-villes par le commerce et les enseignes de périphérie, l'union entre les centres et leurs grands locataires relevait de l'urgence. Cela n'empêche pas les divergences de fond, mais désormais elles s'expriment à l'abri des regards.

DES PETITS INDÉPENDANTS COMME VARIABLE D'AJUSTEMENT

Si les locomotives sont indispensables pour assurer l'attractivité d'un centre et si les grands réseaux garantissent sa rentabilité, les indépendants constituent la variable d'ajustement. Une partie de ces commerçants est identifiée généralement comme « clients à risque » par les foncières.

Mais celles-ci n'hésitent pas à leur dérouler le tapis rouge au moment du lancement d'un nouveau centre commercial. La raison en est simple : lors d'un lancement, un taux élevé de remplissage met en confiance les enseignes qui hésitent à se lancer. Sur les 110 points de vente attendus dans le nouveau centre Ikea de Bayonne, seuls 65 % étaient ouverts fin octobre 2016[107]. Le genre de scénario que tous les promoteurs préfèrent éviter. Alors peu importe si pour convaincre les commerces les plus intéressants, il faut prendre des commerces considérés comme plus fragiles.

Le risque n'est d'ailleurs pas tant du côté des gestionnaires que des commerçants. Ces petits entrepreneurs peuvent avoir pris une franchise, ils ne s'en trouvent pas moins très seuls en cas de difficultés. La marge de négociation est alors proche de zéro. Peu importe que la fréquentation ait été surestimée par rapport au loyer et que les impayés aient commencé à s'accumuler, il faudra tout payer sans espérer obtenir de remise.

LE DÉSESPOIR DES PERDANTS

Ouvert en 2015, le Jeu de Paume de Beauvais prévoyait l'ouverture de 84 boutiques. Lors de l'inauguration, 60 à 70 enseignes faisaient leur entrée. Un an après, seize enseignes supplémentaires se sont installées, mais trois magasins ont baissé le rideau[108]. En réponse aux regrets exprimés sur un lancement jugé décevant, la directrice du Jeu de Paume renvoyait les commerçants à leur responsabilité : « *Ouvrir un commerce, c'est une prise de risque. Être commerçant, c'est un métier de plus en plus spécifique, qui nécessite une constante remise en question*[109]. »

À Marseille, aux Docks Village de la Joliette, ouvert lui aussi en 2015, quinze commerçants ont fermé et ceux qui restent s'inquiètent[110]. Rien ne va plus d'ailleurs entre l'association qui les représente et le groupe qui assure la gestion du centre. Une dizaine de commerçants ont lancé des procédures. La direction du centre se justifie en évoquant des « *fermetures programmées d'enseignes qui étaient là en test*[111] ».

Au Polygone Riviera, également inauguré en 2015, la situation est très tendue entre le gestionnaire et des indépendants qui s'insurgent contre l'arrivée de concurrents dont ils se pensaient contractuellement protégés, et s'étonnent du montant anormalement élevé des charges qui, dans certains cas, dépasseraient le montant du loyer[112].

Ces tensions, qui confinent parfois au drame personnel, ne font finalement que rappeler une évidence : en matière de commerce, tout lancement relève du pari. Celui-ci peut être gagnant, il n'en reste pas moins éminemment risqué, *a fortiori* pour des indépendants qui n'ont ni les moyens de négocier ni la capacité de laisser du temps au temps.

CINQUIÈME PARTIE

D'autres choix possibles

CHAPITRE 15

Le coup de gueule du patron de Monoprix contre la périphérie

« La multiplication des ouvertures de centres commerciaux de périphérie est déconnectée de l'évolution de la consommation. »

Régis Schultz, président de Monoprix, février 2017

À force de se multiplier comme des champignons après la pluie, les grandes surfaces et les zones commerciales ne portent plus seulement préjudice aux petits acteurs du commerce de centre-ville mais aussi à des enseignes aussi emblématiques que les Galeries Lafayette ou Monoprix…

Depuis la crise de 2008, les experts annoncent chaque année que la saturation est proche et l'explosion d'une bulle spéculative inéluctable. En réalité, les choses sont beaucoup plus simples : la casse a commencé. La concurrence ne touche plus seulement les commerces de centres-villes, même si c'est là qu'elle est la plus sauvage et plus impitoyable dans la mesure où elle frappe des acteurs isolés, divisés et le plus souvent sans moyens. Elle menace également les profits des grands acteurs. À force de développer à tout va, le commerce de centre-ville souffre, les centres commerciaux petits et moyens aussi mais également les grandes surfaces alimentaires de périphérie.

L'étude sur le taux d'occupation des locaux dans les centres commerciaux a réservé une surprise en 2015[113] : une nette progression du taux d'emplacements vacants dans les quelque mille centres commerciaux français. Il est passé de 7 à 8,7 % en un an seulement… et a doublé en cinq ans ! Toutes les catégories de centres sont touchées à l'exception des grands centres régionaux. Épargnés par la cannibalisation d'autres pôles, ces derniers tirent leur épingle du jeu avec une vacance stable et contenue de justesse sous les 6 %. Pour les autres, la tendance s'est confirmée en 2017. Les centres commerciaux affichent désormais un taux de vacance supérieur à 10 %[114]. Le taux record de 14,18 % est atteint dans les centres de moins de 16 magasins. Puis il s'amenuise à mesure que s'accroît la taille du site : 13,55 % pour les centres de 16 à 30 magasins ; 9,05 % pour ceux de 31 à 60 magasins ; 8,75 % pour ceux de 61 à 100 magasins. Les centres commerciaux de plus de 100 magasins dépassant à peine les 7 % en 2017. De quoi conforter les stratèges du « *big is beautiful* ».

L'ATTAQUE INATTENDUE DE RÉGIS SCHULTZ, PATRON DE MONOPRIX

Entre des commerces de centres-villes sinistrés et des centres commerciaux petits et moyens eux-mêmes touchés par la désertion, le ciel commence à s'assombrir sérieusement. Des parlementaires s'inquiètent, des maires s'insurgent, des commerçants se rebellent et des écologistes se mobilisent mais c'est de l'intérieur de la distribution qu'est venue l'attaque la plus inattendue... et la plus rude. Reprenant une idée avancée par une fédération commerçante du sud de la France et mentionnée par le rapport sur la revitalisation des centres-villes[115], Régis Schultz, président de Monoprix et membre du comité exécutif du groupe Casino, demande en février 2017 un moratoire sur les centres commerciaux de périphérie[116].

Cet ancien patron de BUT, qui connaît donc bien le commerce de périphérie pour l'avoir lui-même développé, dresse un diagnostic alarmiste : « *La multiplication des ouvertures de centres commerciaux de périphérie est déconnectée de l'évolution de la consommation. L'activité a augmenté de 1 % par an depuis trois ans, les surfaces de 3 à 4 % par an. De plus ils offrent aux enseignes un taux d'effort (loyer par rapport au chiffre d'affaires) divisé par deux par rapport aux centres-villes.* » Conséquence : les centres commerciaux de périphérie « *contribuent au dépérissement des cœurs de ville, notamment dans les petites et les moyennes communes, et donc à la destruction du lien social* ». Conclusion : « *Il faut un moratoire sur les ouvertures de surfaces commerciales hors des centres-villes*[117]. » Une déclaration au lance-flammes aussi impensable qu'imprévisible dans un monde où les opérateurs évitent soigneusement de s'attaquer entre eux, du moins publiquement. Pas sûr que Régis Schultz ait bien mesuré la portée de sa déclaration. Après tout s'il est le patron de Monoprix, il n'en reste pas moins l'employé de Jean-Charles Naouri, PDG du groupe Casino, également propriétaire de grandes surfaces en périphérie et de la foncière Mercyalis. Face à la réaction indignée de la profession et sans doute à celle des autres dirigeants de son groupe, il ne s'est plus exprimé depuis sur l'avenir des centres-villes. L'intérêt du groupe prime sur celui de ses filiales, quand bien même il s'agirait de la plus rentable d'entre elles. Mais Régis Schultz a ouvert la boîte de Pandore.

L'AVERTISSEMENT SUIVI D'EFFET DU PATRON DES GALERIES LAFAYETTE

Le 22 avril 2017, c'est au tour de Philippe Houzé, Président du directoire du groupe des Galeries Lafayette de briser l'unanimité de façade qui régnait jusque-là dans l'univers feutré de la distribution : « *On ne peut vouloir en même temps la réanimation des centres-villes et laisser se développer en périphérie une attractivité qui vient cannibaliser le centre-ville* (…) *Il faut un peu de discernement dans les autorisations de nouvelles surfaces. Il y a des limites à ne pas dépasser.* » Il ne s'agirait que de la position des Galeries Lafayette, cette attaque en règle contre le commerce de périphérie n'aurait, à vrai dire, pas grande importance. Aussi prestigieux soient-ils, les magasins du groupe (Les Galeries mais aussi le BHV) ne sont un acteur de premier plan qu'à Paris. Mais Philippe Houzé est marié avec Christiane Moulin, arrière-petite-fille du fondateur de Monoprix. Cette famille n'est pas seulement propriétaire des Galeries. Elle se trouve être également le premier actionnaire de Carrefour, poids lourd de la grande distribution française. Depuis leur entrée au capital en 2014, avec d'emblée 6,1 % des parts, les Moulin sont montés à 10,06 % en 2015 puis à 11,51 % en 2016. Grâce aux droits de vote double de leurs actions, ils pèsent désormais 15,33 % des voix. Quelques semaines avant la nomination d'Alexandre Bompard à la tête de Carrefour qui, on le sait depuis, annoncera un nouveau plan de redressement, la parole du premier actionnaire du groupe Carrefour sur la nécessité de freiner le développement de la périphérie a du poids. Elle est même prémonitoire.

À la fin 2017, soit quelques mois seulement après avoir tiré la sonnette d'alarme sur la cannibalisation des centres-villes par la périphérie, Philippe Houzé annonce la cession de 22 Galeries Lafayette[118]. Cette décision s'inscrit dans la lignée d'un certain nombre de fermetures par le passé[119]. Après le rachat des Nouvelles Galeries en 1991, quelques-unes visaient à supprimer les doublons dans les grandes villes où les deux enseignes étaient présentes (Nantes, Toulouse, Bordeaux...). Mais dans la plupart des cas, la fermeture équivalait à un retrait pur et simple des villes concernées. Les années 2000 ont ainsi vu partir les Galeries des villes d'Épernay, de Thionville, de Montargis, de Châteauroux et de Saint-Étienne après Nantes, Valence, Nevers, Bourges, Boulogne-sur-Mer… Bref, l'avertissement de Philippe Houzé semble d'autant plus pertinent qu'il en tire une nouvelle fois les conséquences en se retirant de centres-villes auxquels le groupe ne croit visiblement plus.

LA CONTRE-ATTAQUE DES REPRÉSENTANTS DE CENTRES COMMERCIAUX

Depuis le coup de gueule de Régis Schultz contre le développement anarchique des commerces de périphérie, c'est le branle-bas de combat dans le monde de la grande distribution et des centres commerciaux. Mot d'ordre : tout le monde doit serrer les rangs. Au CNCC (Conseil National des Centres commerciaux), seules deux voix sont autorisées à s'exprimer celle du Délégué général, Gontran Thuring, et celle du président, Antoine Frey. Tous les deux multiplient les prises de parole pour défendre l'activité des adhérents. Vent debout contre toute idée de moratoire, Gontran Thuring prend sa plume pour contre-attaquer dans les colonnes de *Business Immo*, la revue de la profession, mais aussi dans *Les Échos* et la presse quotidienne régionale, à l'occasion de déplacements sur le terrain destinés à vanter les mérites des centres commerciaux. Pour justifier que tout continue comme avant, les professionnels mobilisent trois types d'arguments, quitte à faire preuve de mauvaise foi et prendre quelques libertés avec la vérité[120]…

Premier argument, les centres commerciaux accompagnent l'« *accroissement de population en zone périurbaine huit fois supérieur à celui du centre-ville durant les cinq dernières années* ». Selon Gontran Thuring, « *cette augmentation nécessite des équipements adaptés : hôpitaux, collèges, centres culturels et sportifs mais aussi... commerciaux !* » Curieux raisonnement, en l'occurrence. Pour ne prendre que l'exemple des hôpitaux ou des collèges, l'heure est, qu'on le déplore ou non, au regroupement et à la concentration des établissements. Surtout pas à leur multiplication. À quoi ressemblerait d'ailleurs la France si des zones commerciales étaient nécessaires aux quatre points cardinaux des villes centres ? Accompagner le mouvement général de migration de la population vers la périphérie c'est en fait se résigner à voir ce phénomène se généraliser. Certes, au vu du potentiel que représentent encore les centres-villes, on comprend que le secteur de la promotion commerciale soit confiant dans les perspectives de développement de la périphérie. Mais faut-il accepter comme un fait acquis ce processus de vampirisation ? Et comment imaginer que les centres commerciaux déjà implantés se contentent sagement d'attendre que d'autres centres commerciaux de périphérie viennent les concurrencer ? La fuite en avant est inévitable. Et c'est bien du reste le phénomène auquel on assiste. Rien de bien nouveau en fait. L'ancien délégué du Conseil National des Centres commerciaux et prédécesseur de Gontran Thuring, Jean-Michel Silberstein, déclarait déjà en 2014 : « *L'acquisition de clientèle est plus difficile. La maturité est acquise en six ou sept ans, contre trois ou quatre auparavant*[121] » provoquant la réaction immédiate d'un de ses adhérents, Philippe Journo, PDG de la Compagnie de Phalsbourg, promoteur et gestionnaire de *retail parks* : « *Il ne faudrait pas que les malthusiens gagnent en France*[122]. » Autrement dit, laissons les meilleurs gagner.

CHAPITRE 16

Le choix intelligent de l'Allemagne

« La Loi de Modernisation de l'Économie
a dérégulé les équilibres commerciaux.
Nous voulons remettre de la régulation.
Les Anglais et les Allemands le font bien.
Pourquoi pas nous ? »

Rémy Pointereau, sénateur, juin 2018

L'affaiblissement des centres-villes par la distribution n'a rien d'une fatalité. La preuve, en Allemagne, le tout-puissant hard discount est invité à se développer en centre-ville, quitte à faire des formats bien plus réduits que nos hypers…

Alors qu'en France et en Belgique, les villes moyennes voient leurs centres anciens péricliter, outre-Rhin le problème semble ne pas exister : pas de désertification commerciale en centre-ville, pas d'exode massif des CSP+ vers le périurbain, pas de prolifération exponentielle des zones commerciales en entrée de ville… Les hypers – tenus pour responsables de la dévitalisation des centres-villes français – seraient-ils moins puissants en Allemagne ? Pas vraiment… Seulement, les pouvoirs publics y ont fait des centres-villes leur priorité. Et ils les défendent coûte que coûte…

LA DISTRIBUTION PASSE APRÈS LA PRÉSERVATION DES CENTRES-VILLES ALLEMANDS

Là-bas, on ne plaisante pas avec l'aménagement du territoire[123]. Surtout lorsqu'il s'agit d'autoriser la création de nouvelles zones commerciales. Depuis la fin des années 1960, la loi fédérale est très claire à ce propos : « *Pour les produits de consommation courante, les projets d'implantation ne sont recevables que s'ils se situent dans une zone commerciale centrale et qu'ils ne nuisent ni au bon fonctionnement des zones commerciales centrales situées sur le territoire d'une commune ou de communes voisines, ni au commerce de proximité de leur zone de chalandise.* » Autrement dit, difficile voire impossible d'implanter des mastodontes commerciaux en entrée de villes. Les grands projets commerciaux doivent se situer là où se concentrent les populations, à savoir en centre-ville. Mieux : ils ne doivent pas constituer une menace pour le tissu commercial existant. Les pouvoirs publics allemands examinent donc à la loupe le chiffre d'affaires estimé pour chaque projet. S'il est supérieur au pouvoir d'achat des habitants présents sur la zone de chalandise, le projet est automatiquement retoqué. Hors de question de créer une situation de saturation commerciale… Des règles drastiques, mais qui portent leurs fruits. Alors qu'en France, le rapport de force entre périphérie et centre-ville est complètement déséquilibré, en Allemagne les centres-villes conservent leur attractivité et leur rayonnement (en France, 62 % du chiffre d'affaires du commerce se réalise en périphérie, contre seulement 33 % en Allemagne).

QUAND L'ALLEMAGNE REFUSE DE PLIER FACE À L'EUROPE

Moindre concurrence en périphérie. Faible taux de vacance commerciale en centre-ville. Et surtout, pas de crises similaires à celles auxquelles sont aujourd'hui confrontées nombre de communes françaises. De fait, les seuls vrais perdants dans l'affaire sont les groupes de distribution, qui – malgré leur force de frappe et leur capacité de lobbying – n'arrivent pas à obtenir des autorisations pour s'implanter en périphérie et profiter ainsi d'un foncier moins cher. Ce dogmatisme en matière d'implantation commerciale n'est évidemment pas du goût de tout le monde. En 2006, la Commission européenne avait lourdement « invité » le gouvernement fédéral à se mettre en règle avec le droit communautaire. En cause : la prise en compte, avant la délivrance d'une autorisation d'implantation, de l'impact du projet sur les commerces existants. Une disposition contraire au droit européen car susceptible d'entraver la libre installation des commerces et de provoquer des distorsions de concurrence. Bruxelles est assez stricte sur le sujet, la France en sait quelque chose. Pour des raisons similaires, le groupe Aldi avait porté plainte devant la Commission contre l'Hexagone et contraint le Parlement à adopter, en 2008, la loi LME dont nous avons déjà parlé (voir page 30). Ce texte avait définitivement tiré un trait sur toute velléité de contrôler le suréquipement commercial qui caractérise aujourd'hui certains de nos départements. En Allemagne, l'injonction de la Commission et la pression des lobbies de la grande distribution n'ont pas eu le même effet. En 2009, soit trois ans après « l'invitation » de la Commission, le gouvernement fédéral répondait enfin, en soulignant très subtilement les nombreuses contradictions de la directive communautaire.

QUOI DE PLUS ACCESSIBLE AU PLUS GRAND NOMBRE QUE LE CENTRE-VILLE ?

Quelques années auparavant, la Commission européenne avait en effet déclaré que « *l'accessibilité des commerces pour tous* (...) *est un objectif d'intérêt général lié à l'aménagement du territoire qui devrait pouvoir justifier des restrictions aux libertés fondamentales* », dont la liberté pour les entreprises de s'implanter là où elles le souhaitent. Autrement dit : la Commission reconnaissait qu'il pouvait être légitime d'interdire l'implantation de commerces si ces derniers risquaient de nuire à l'approvisionnement des populations – et plus précisément des populations n'étant pas en mesure de se déplacer pour accéder aux commerces. Or expliquaient les pouvoirs publics allemands, « *la pente naturelle des choses conduisant à l'implantation des grandes surfaces commerciales dans la périphérie des villes, laisser librement jouer le marché (revient)* de facto *à dévitaliser le centre des villes* »... Et si les centres-villes viennent à se dévitaliser, cela créera « *une discrimination supplémentaire au détriment des personnes n'ayant pas de voitures, notamment les personnes âgées et handicapées* », qui ne seront pas en mesure de se déplacer pour accéder facilement aux commerces... D'où la nécessité d'empêcher les commerces de périphérie de menacer les commerces de centre-ville. Et comment anticiper la menace, autrement qu'en évaluant l'impact économique d'un projet sur le tissu commercial existant ? Pourquoi ne serait-il pas légitime, dans ce cas, d'interdire les projets qui risqueraient de provoquer la fermeture d'autres commerces et de conduire *de facto* à l'apparition de déserts commerciaux ? CQFD.

L'équilibre est ténu, la mauvaise foi presque apparente... mais de bonne guerre dans ce combat. Cette réponse coule pourtant de source, tant l'impératif de favoriser un aménagement cohérent du territoire et l'impératif de permettre la libre installation des commerces sont intrinsèquement contradictoires. L'Allemagne est vigilante. Elle sait que la Commission et la grande distribution reviendront à la charge au premier signe de faiblesse. Mais pour le gouvernement fédéral, pas question de modifier le système d'autorisation commerciale. Pas question surtout de suivre le chemin d'ores et déjà tracé par ses voisins, la France et la Belgique, où les pouvoirs publics ont commis l'erreur de déréguler et de se plier bien vite et sans discuter aux injonctions de Bruxelles.

Agissons avant l'irréparable

« Il faut bien comprendre que la grande distribution conteste aujourd'hui la légitimité des pouvoirs publics à intervenir : ils apprécient quand nous sommes divisés et faibles, pas lorsque nous sommes déterminés à faire valoir l'intérêt général. »

Mickaël Vallet, maire de Marennes, novembre 2017

La ville fut pendant longtemps fille du commerce. C'est autour des foires, puis dans des organisations plus structurées, que le destin du commerce et de la ville se sont confondus. Leur évolution allait de pair. Quand la ville allait bien, le commerce était florissant. L'inverse était également vrai. Les commerçants rendaient les villes plus belles. En faisant construire des édifices magnifiques et en s'impliquant dans les affaires de la cité, ils la rendaient encore plus attractive et plus prospère (lire annexe page 173).

Ces temps semblent loin. Désertés par les habitants, hostiles à la voiture et dotés de moyens dérisoires, les centres des villes moyennes sont perçus comme des environnements défavorables, inadaptés, démodés… en un mot, condamnés. Tout en jurant que rien n'est perdu pour les centres-villes, les professionnels de la distribution confient en privé qu'il faut être complètement fou pour investir dans le centre et que ce n'est évidemment pas par hasard si, chaque année, grands distributeurs, foncières, enseignes et jusqu'aux commerçants indépendants s'implantent de plus en plus loin dans des secteurs accessibles en voiture aux habitants de la périphérie, eux aussi toujours plus nombreux.

La guerre des zones commerciales peut connaître des répits, elle ne s'arrêtera pas. En dépit d'un ralentissement des ouvertures d'hypermarchés depuis quelques années, des centaines de projets de rénovation – c'est-à-dire, en réalité, d'extensions – de centres commerciaux et de galeries marchandes sont encore dans les cartons, pour l'essentiel des ensembles situés… en périphérie, faisant directement concurrence aux centres-villes marchands.

SCÉNARIO NOIR : L'INÉLUCTABLE DÉCLIN

Aujourd'hui 65 % des achats sont réalisés en périphérie. D'ici quinze ans, ce chiffre pourrait bien atteindre les 75-80 %. En d'autres termes, si rien n'est fait, l'essor du commerce moderne aura à ce moment-là condamné la majorité des villes françaises au déclin. La période de croissance des Trente Glorieuses a occulté les tensions naissantes entre les villes issues d'un long processus historique et la périphérie qui s'est développée en un temps record. La véritable rupture date du début des années

2000 et plus encore, nous l'avons vu, de 2008. C'est à partir de cette période que l'Insee note une accélération du désamour des centres-villes alors que les surfaces commerciales augmentent inexorablement en périphérie. On ne peut exclure l'hypothèse qui voudrait que la mutation entamée dans les années 1960 soit aujourd'hui à ce point avancée qu'elle en est devenue irréversible. Pour de nombreuses villes sans attrait, le risque est réel : temps gris, environnement régional déprimant, mauvaise desserte, tissu économique en lambeaux... à quoi s'ajoutent les habituels griefs adressés aux centres historiques intouchables et muséifiés. Pour ces territoires, la cause paraît entendue. Et sans doute, pour un temps, perdue. Mais il n'est pas impossible, non plus, que la situation soit plus grave, que les villes moyennes, dans leur immense majorité, soient condamnées au déclin, avant de renaître à la faveur de ces inversions de tendance aussi improbables que soudaines dont l'histoire a le secret. Après avoir vidé ces villes de leur substance, les centres commerciaux finiraient alors par se concurrencer les uns les autres, les plus grands et les plus récents poussant les plus anciens et les plus petits à la faillite. On assisterait alors avec vingt ou trente ans de retard à la vague de fermeture sans précédent de centres commerciaux que les États-Unis viennent de connaître dans la foulée de la crise de 2008. Ce scénario n'est pas forcément réjouissant mais il peut être la meilleure façon de concentrer ses efforts sur l'essentiel : imaginer la ville de demain en prenant acte de la fin des centres urbains historiques. Ceux qui estiment que les centres-villes sont aujourd'hui en décalage avec les habitudes de la vie moderne estimeront qu'il vaut mieux des établissements avec parkings gratuits et bâtiments aux normes en périphérie quitte à prendre sa voiture pour s'y rendre. Les autres s'inquiéteront de voir les centres-villes s'effacer alors même qu'ils sont par définition le lieu le plus accessible à tous.

SCÉNARIO DE L'ÉLECTROCHOC : UNE SOLUTION À L'ÉCHELLE NATIONALE

Peut-être est-ce une erreur, mais nous voulons croire, pour notre part, que l'histoire n'est pas écrite. Du moins pas encore. Reste qu'un optimisme raisonné serait catastrophique s'il ne s'accompagnait pas d'une bonne dose de lucidité.

D'abord, il faut admettre que la solution doit être nationale. Une approche du problème au cas par cas, en fonction des spécificités locales, logiquement défendue par les tenants du *statu quo*, aurait peut-être eu un sens en 2008. Au regard de l'ampleur de la crise que connaissent aujourd'hui les villes moyennes, elle est aujourd'hui source d'inefficacité. Si la concurrence entre territoires constitue une source d'émulation sur le plan économique, elle s'est révélée désastreuse dans le domaine du commerce quand des petites communes, au motif qu'elles y ont intérêt, défendent des projets de zones commerciales nocives à l'échelon des villes voisines de leur agglomération. Sans régulation générale, la concurrence entre les communes continuera de faire les dégâts que nous observons aujourd'hui. Selon la logique que nous avons décrite, même les élus les plus sceptiques préféreront à tout prendre que la zone se fasse sur leur territoire plutôt qu'à côté.

Un autre écueil serait de soutenir les centres-villes en continuant de laisser la périphérie se développer. C'est hélas la philosophie du plan national « Action cœur de ville » proposé en mars 2018 par le ministre de la Cohésion des territoires Jacques Mézard. Ce plan prévoit un investissement de plusieurs milliards sur plus de deux cents centres-villes sans verrouiller le développement de la périphérie[124]. Pourquoi des enseignes telles que Monoprix, les Galeries Lafayette, Zara ou Habitat – qui ne sont pas des associations caritatives – investiraient dans des centres-villes où les modalités d'installation sont plus complexes et plus coûteuses si la concurrence continue de se développer en périphérie ? Sans moratoire, l'argent public dépensé le sera en pure perte et l'argent privé continuera de fuir des centres-villes. Nier cette simple réalité économique c'est vouloir chauffer un appartement en ouvrant les fenêtres en plein hiver.

Il ne rime à rien, non plus, de chercher des coupables qu'il faudrait clouer au pilori. Sur un marché devenu fou, chacun se contente d'y jouer sa partition. En accéléré. Et en croisant les doigts pour que tout ne s'écroule pas avant d'avoir tiré son épingle du jeu. Pour s'assurer une retraite, un agriculteur cède son terrain à une société d'aménagement ou à un promoteur. Pour vendre ses produits le moins cher possible et en tirer le profit maximal, un objectif qui, rappelons-le, n'a rien de scandaleux pour des entreprises commerciales, la distribution s'installe en priorité sur des terrains à bas coût. Certains élus locaux y voient une façon de faire entrer de l'argent dans des caisses désespérément vides et de se prévaloir d'une réalisation qui n'aura rien coûté à la collectivité. D'autres estiment ne pas avoir le choix s'ils ne veulent pas subir la concurrence d'un équipement commercial dans une commune voisine sans bénéficier de ses retombées fiscales. Quant aux consommateurs, ils n'aspirent qu'à payer leurs courses le moins cher possible et fréquenter les enseignes les plus connues, quitte à déclarer leur amour du commerce de proximité lorsqu'ils sont interrogés par des instituts de sondages, un phénomène bien connu de schizophrénie entre la pratique et l'idéal.

La question n'est pas non plus de savoir si le marché peut aujourd'hui se réguler de lui-même – tout montre que la réponse est évidemment non – mais s'il est possible de le refroidir avant que ses soubresauts n'aient commis des dégâts irréparables. Les mesures en faveur des centres-villes ont montré leurs limites. Au niveau national, on peut instaurer un contrôle des prix des baux commerciaux, simplifier les démarches administratives pour faciliter l'implantation de nouvelles enseignes et donner plus de cohérence au Fonds d'Intervention pour les Services, l'Artisanat et le Commerce (le FISAC, une caisse gérée par l'État pour financer la relance des centres-villes en perte de vitesse), le constat d'échec n'en est pas moins flagrant. Pour une raison simple : en dépit des effets d'annonce qui peuvent laisser penser le contraire (le Plan Mézard mobilise 5 milliards), l'État n'a plus les moyens financiers d'aider les villes en difficulté. Quelle que soit la façon dont on aborde aujourd'hui cette question, il est impossible de faire mine de l'ignorer en suggérant des mesures coûteuses d'exonération. Le constat est logiquement le même au niveau local. Les efforts déployés par divers élus pour revitaliser leurs cœurs d'agglomération sont louables, mais les moyens n'en paraissent pas moins dérisoires au regard de la gravité de la situation.

LE COMMERCE CONTRE LA VILLE

La longue liste à la Prévert des actions supposées donner un coup de fouet à des centres-villes faiblissants a quelque chose de désespérant. Tout est mis au même niveau depuis l'animation commerciale (qui ne résoudra évidemment rien de structurel) jusqu'au développement de modes de déplacement alternatifs (pour des villes moyennes où la voiture reste et restera longtemps une simple question de survie), en passant par l'interpellation d'élus locaux (bien démunis face au rouleau compresseur de la distribution). Comme si l'appel à la conscience civique des commerçants, des habitants et des élus pouvait tenir lieu de programme en soi. Il y a beaucoup de naïveté à imaginer changer la logique d'un système en misant sur la simple addition des volontés individuelles. La vérité est sous nos yeux et elle nous heurte tellement que nous refusons de la voir : après des siècles d'union heureuse, la ville et le commerce sont en plein divorce. Dans les villages, les bourgs et les petites villes de banlieue, la persistance de quelques boutiques relève désormais d'une survivance presque miraculeuse. À l'inverse, les ensembles commerciaux sans la moindre habitation se multiplient. Le scénario d'habitants sans commerces de quartier et de commerces sans habitants à proximité n'est plus de l'ordre de la fiction mais de la réalité. Seul le dynamisme démographique de la France a permis d'échapper aux *shrinking cities*, ces villes dont la population décline, qui caractérisent certains pays vieillissants comme l'Allemagne ou des nations plus mobiles comme les États-Unis. Mais le fait est là, la France est victime de ce que certains démographes ont surnommé l'effet *donut* pour décrire la dévitalisation commerciale et l'appauvrissement sociologique des centres-villes.

Cette guerre ne dit pas son nom. Le commerce se réorganise désormais en dehors et contre les villes les plus fragiles. Jugés inadaptés aux impératifs du shopping, les centres-villes sont délaissés au profit de zones et de centres commerciaux de périphérie. Il s'agit bien d'un déplacement. Car la prétendue complémentarité dont nous abreuvent les adversaires d'un durcissement ne fait que cacher l'objectif du commerce moderne : se débarrasser de la ville, de sa fixité, de ses archaïsmes, de ses incertitudes permanentes… Cela n'est pas agréable à entendre mais c'est hélas la triste vérité. Et seules les villes les plus fortes et les plus riches peuvent se payer le luxe d'un rapport de force inverse.

REVALORISER LE COÛT DU FONCIER AGRICOLE

Le problème fondamental dont découlent toutes les difficultés que connaît un nombre croissant de communes peut se résumer simplement : les grands acteurs du commerce n'ont plus intérêt économiquement à s'implanter au cœur des villes. Il faut donc rééquilibrer les règles du jeu économiques d'un marché où les zones commerciales sont sur le point de dévorer toutes les villes qui les entourent. Mais une dernière erreur serait de renouer avec l'approche réglementaire qui a prévalu depuis les années 1970. Non qu'elle ait été l'échec total que certains décrivent, histoire de décrédibiliser tout durcissement de la loi[125]. À bien des égards, la loi Raffarin qui a obligé tous les projets de plus de 300 m² à être soumis en commission montre combien cette approche peut être malthusienne. Mais cette approche n'en ignore pas moins le ressort économique fondamental de toute cette malheureuse histoire. C'est parce que la terre agricole ne vaut quasiment rien que les zones commerciales connaissent autant de succès. Tout y est plus simple et par conséquent beaucoup moins coûteux qu'en ville. D'un côté, coût dérisoire du terrain, possibilité de construire des grandes surfaces sans réelles contraintes architecturales ni urbaines, accès facilités par le réseau routier, océans de parking accueillants pour les voitures… De l'autre, des conditions de circulation et de stationnement plus difficiles, des locaux inadaptés, des procédures de construction compliquées, des probabilités de recours élevées… Pour les investisseurs privés, la cause est désormais entendue. Tant que cette équation restera vraie, l'exode du commerce n'a aucune raison de s'arrêter. Seule une taxe dissuasive sur l'urbanisation des terres agricoles pourrait rendre beaucoup plus attractives les conditions d'implantation en milieu urbain. Sans cet électrochoc fiscal, rien ne sera possible. Encore faudrait-il l'inscrire noir sur blanc dans une loi et être capable de l'appliquer. Cette révolution – car ce choix en serait une – se heurterait frontalement aux intérêts des entreprises de la distribution. À défaut d'avoir les moyens d'alléger la fiscalité des centres-villes faute de moyens financiers, il n'y a pas d'autre choix que d'alourdir la fiscalité sur la périphérie. C'est ainsi et seulement ainsi que les investisseurs privés pourront de nouveau envisager d'investir en centre-ville.

Les pouvoirs publics sont-ils prêts à davantage fiscaliser les terres agricoles non bâties pour limiter les constructions commerciales en périphérie et permettre, en parallèle, de financer un plan de sauvetage des villes moyennes ? C'est en réalité le fond du problème. Pour convaincre les politiques de ne surtout rien faire, la distribution française n'hésite pas à marteler ses habituels éléments de langage mais surtout à rappeler sa puissance chaque fois que nécessaire. Première foncière européenne, Unibail vient de racheter l'américain Westfield. Les centrales d'achat se rapprochent : celle d'Auchan avec celle de Système U, celle d'Intermarché et celle de Casino. À ces rapprochements s'ajoutent les centrales d'achats de Carrefour et de Leclerc. À elles seules ces quatre centrales couvrent près de 90 % du marché. Face à elles que pèsent une multitude d'acteurs dont l'activité est suspendue au référencement en rayon ? Pas grand-chose.

À l'exception des agriculteurs et de la presse, il ne faut pas espérer d'appuis du côté du monde économique. Même la presse y réfléchit à deux fois avant de se livrer à une critique de la distribution. Les élus oseront-ils ? Croient-ils encore possible de sauver ce qui peut l'être ? On ne peut que l'espérer. Loin de Paris, une France urbaine se détricote dans l'indifférence. L'aménagement du territoire et l'avenir de nos villes sont pourtant des choses trop sérieuses pour être confiées au consommateur et à la distribution. Ces questions relèvent avant tout des citoyens et des responsables politiques.

ANNEXES

Chronologie express des relations entre le commerce et la ville

LE COMMERCE DANS LA VILLE

1852 : Aristide et Marguerite Boucicaut s'associent aux frères Videau. Ensemble, ils font du Bon Marché un des premiers grands magasins. Suivent les Grands Magasins du Louvre (1855), le Bazar de l'Hôtel de Ville (1856), le Printemps (1863), la Samaritaine (1865) et, à la fin du siècle, les Galeries Lafayette (1893).

1860 : S'approvisionnant directement en province grâce au développement du chemin de fer, ce qui lui permet de court-circuiter les grossistes, Félix Potin applique les recettes des grands magasins à l'alimentaire en ouvrant une première épicerie sur le nouveau boulevard de Sébastopol.

1882 : Zola décrit dans *Le Bonheur des dames* la révolution des Grands Magasins en s'inspirant ouvertement du Bon Marché des Boucicaut. Faisant preuve d'une extraordinaire prescience, il note que « *les prix, au lieu d'être faits* *comme autrefois par une cinquantaine de maisons, sont faits aujourd'hui par quatre ou cinq, qui les ont baissés, grâce à la puissance de leurs capitaux et à la force de leur clientèle...* ».

1932 : Suite à la crise de 1929, Max Heilbronn, gendre du créateur des Galeries Lafayette, ouvre le premier magasin à prix unique, Monoprix. Au même moment, les Nouvelles Galeries lancent Uniprix et les Magasins du Printemps créent Prisunic, tous sur le même créneau de magasins citadins à bas prix.

1936 : Les commerçants obtiennent l'interdiction de toute création ou extension des magasins à prix uniques.

LE COMMERCE HORS LA VILLE

1949 : Le premier magasin Leclerc ouvre ses portes.

1956 : Conçu en 1956 par l'architecte Victor Gruen à Edina, une banlieue de la conurbation des twin cities de Minneapolis et Saint Paul, le premier centre commercial de l'histoire, à la fois fermé et climatisé, Southdale Center, peut être vu comme une déclinaison modernisée du « passage couvert » européen du XIXe siècle.

1963 : Carrefour ouvre le premier hypermarché au carrefour du Donjon, à Sainte-Geneviève-des-Bois. Rapidement, l'enseigne réalise de très grands formats (plus de 9 000 m^2 quand, en 1980, l'hypermarché moyen couvre 5 625 m^2).

1967 : Le premier hypermarché Auchan ouvre dans le département du Nord, à Roncq. Mammouth ouvre le premier hypermarché avec galerie commerçante.

1968 : un premier Euromarché s'implante à Saint-Michel-sur-Orge, à quelques kilomètres du Carrefour de Sainte-Geneviève-des-Bois.

1969 : Après de nombreuses hésitations, E. Leclerc ouvre son premier hypermarché à Brest, en réponse à l'ouverture d'un hypermarché Rallye ouvert l'année précédente et qu'il dépasse en surface de... 75 m². Auchan ouvre le centre commercial Englos-les-Géants, dans la métropole de Lille. Avec cette ouverture, le groupe s'inscrit comme l'un des précurseurs dans le domaine des centres commerciaux. Le premier *hypermarché GEM* de Reims-*Tinqueux* suit la même voie avec 17 000 m² pour le *magasin*, 6 000 m² pour les 35 boutiques du centre commercial, un parking de 1 800 places, le tout sur un terrain de 11 hectares. Même les grands magasins s'y mettent : Les Nouvelles Galeries ouvrent le centre commercial Cap 3 000 en lointaine banlieue niçoise. La zone est marécageuse. Et c'est un atout : les terrains offrent de nombreuses possibilités d'extensions.

1972 : Le premier centre commercial d'une ville nouvelle ouvre avec les Trois Fontaines à Cergy-Pontoise. Suivront Évry 2 à Évry en 1975 et Les Arcades à Marne-la-Vallée en 1978, Val d'Europe, toujours à Marne-la-Vallée en 2000 et Carré-Sénart à Sénart en 2002. De la même façon, les centres commerciaux sont intégrés d'emblée à la réalisation de quartiers neufs : Parly 2 au Chesnay en 1969, Belle Épine à Thiais en 1971, Vélizy 2 en 1972, Rosny 2 en 1973...

ENTRE RÉGLEMENTATION ET LIBÉRALISATION

1973 : La loi Royer se donne pour objectif d'éviter une « *croissance désordonnée des nouvelles formes de la distribution [qui] provoque l'écrasement de la petite entreprise et le gaspillage des équipements commerciaux* ». À cette date, plus d'une centaine d'hypermarchés ont ouvert aux côtés des 200 supermarchés existants.

1975 : La France compte 292 hypermarchés.

1976 : Le président de la république demande la réunion d'une « table ronde » sur les problèmes de la distribution du livre suite à l'alarme lancée par Jérôme Lindon sur les dangers que présente la pratique du « discount ».

1978 : La France compte 230 centres commerciaux.

1982 : Philippe Houzé, gendre d'Étienne Moulin, lui-même marié à la fille de Théophile Bader, le créateur des Galeries Lafayette, prend la tête de Monoprix en 1982. Il va restructurer et repositionner l'enseigne sur les villes des métropoles dans les vingt années qui suivent.

1984 : La France compte 553 hypermarchés et 2 827 supermarchés.

1985 : Après 467 procès, la Cour de Justice des Communautés Européennes donne raison au Mouvement E. Leclerc dans son combat sur l'essence qui l'oppose au gouvernement français. L'essence devient un produit d'appel des hypermarchés.

1986 : Conformément aux engagements pris par Jacques Chirac durant les élections législatives, le gouvernement Balladur libéralise les prix. À l'exception des services publics, des produits pharmaceutiques ou encore des taxis, les entreprises peuvent fixer leurs prix comme elles l'entendent. Un coup de booster pour les grandes surfaces.

1994 : Le rapport du sénateur Ambroise Dupont (« Les Entrées de villes, ou Redonner le goût de l'urbanisme ») lance le débat sur la nécessité de se pencher sur les entrées de villes victimes d'un aménagement commercial anarchique.

1995 : Face à l'attractivité croissante des grandes surfaces, les centres-villes entrent officiellement en crise. Felix Potin est liquidé alors que l'enseigne comptait encore 1 300 magasins dans les années 1980.

1996 : Dans la foulée de l'élection de Jacques Chirac, deux lois se donnent pour objectif de limiter la puissance de la grande distribution. La première, la loi Galland, revient sur la libéralisation des prix. Plus question d'attirer le chaland en répercutant la marge arrière sur le prix de vente. La seconde loi, auquel le futur Premier ministre, Jean-Pierre Raffarin donne son nom, se fixe pour objectif de « *contribuer au maintien des activités dans les zones rurales et de montagne ainsi qu'au rééquilibrage des agglomérations par le développement des activités en centre-ville et dans les zones de redynamisation urbaine.* » Votée la même année que la loi Galland, elle étend l'obligation de soumettre aux CDAC les ouvertures de magasins à toutes les surfaces égales ou supérieures à 300 m².

1997 : Dans un rapport (« Les Terroirs urbains et paysagers, Pour un nouvel équilibre des espaces périurbains »), le sénateur Gérard Larcher dénonce la logique concevant la terre comme une « *denrée reproductible et périssable* », un « *espace jetable* ».

2001 : Les hypers regroupent en France près de 1 200 magasins, développent 7 millions de mètres carrés de surfaces commerciales et réalisent 100 milliards d'euros de chiffre d'affaires, s'adjugeant plus de 35 % des ventes au détail de produits alimentaires et 13 % des articles non alimentaires.

2002 : Philippe Bouriez, PDG du groupe de distribution Cora, se déclare favorable à un aménagement de la loi Galland qui a favorisé des marges « *abusives sur les producteurs* ».

2005 : S'inspirant des *convenience stores* de l'Anglais Tesco, ces épiceries de dépannage, Monoprix ouvre le premier Monop' rue de la Roquette à Paris Le succès de ces petits magasins généralistes est spectaculaire : en dix ans, 60 nouveaux Monop' ouvrent leurs portes à Paris.

2006 : L'Allemand Adli saisit la Commission Européenne pour que la France respecte la liberté d'établissement. La loi de modernisation de l'économie va leur donner gain de cause.

TRIOMPHE DES GRANDES SURFACES, DÉROUTE DES CENTRES-VILLES ?

2007 : Élu président de la république, Nicolas Sarkozy confie à une commission le soin d'éclairer les choix et l'action du gouvernement. Assisté d'un jeune rapporteur, Emmanuel Macron, Jacques Attali, ancien conseiller du président socialiste François Mitterrand, prend la tête de la « Commission pour la libération de la croissance française ».

2008 : Lorsque le rapport de la Commission Attali précise que « *379 grandes surfaces ouvraient en moyenne chaque année en France entre 1986 et 1994, alors que leur nombre est tombé à 162 entre 1995 et 2003* », ce n'est pas pour s'en réjouir mais pour noter que « *cette réglementation a particulièrement entravé le développement des grandes surfaces de type maxi-discount au moment même où ce format de vente commençait à séduire les consommateurs* ».

Votée la même année, la loi de modernisation de l'économie (LME) permet à la grande distribution de tirer les prix vers le bas, dispense les surfaces de moins de 1 000 m² de demander une autorisation et interdit aux politiques de s'appuyer sur des considérations de nature économique pour refuser une nouvelle implantation commerciale.

2010 : Le ministère de l'Économie fait un premier bilan de la loi de modernisation de l'économie soulignant que « *depuis le 1er janvier 2009, 98 commissions départementales d'aménagement commercial (CDAC) ont été constituées, se sont réunies près de 350 fois en tout [émettant] un avis favorable pour 90 % des 568 demandes d'autorisation qui leur ont été soumises* ». Si ce bilan satisfait le gouvernement, l'ampleur du mouvement inquiète en revanche les parlementaires. Une proposition de loi, impulsée par les députés gaulliste Patrick Ollier et centriste Michel Piron, propose de réglementer l'établissement d'installations commerciales afin de prendre en compte à la fois les besoins des consommateurs et le paysage urbain. Soutenue par la majorité des parlementaires mais jugée trop contraire à l'esprit et aux dispositions de la LME par le gouvernement, elle est finalement abandonnée. Pourtant, face au grignotage des terres agricoles, Bruno Le Maire, alors ministre de l'Agriculture, évoque la création d'un observatoire national pour recenser les terres et une taxation des plus-values excessives, lors de cessions consécutives à un changement de destination rendant ces terres constructibles. Un projet également resté sans suite.

2011 : Au nom de la liberté d'implantation, la Cour de Justice de l'Union Européenne épingle la législation espagnole pour avoir osé affirmer qu'il y avait déjà suffisamment de grands établissements de commerce dans la plupart des circonscriptions territoriales catalanes et rappelle que le critère de la densité commerciale n'est juridiquement plus recevable.

2012 : Réalisé et géré par la Compagnie de Phalsbourg, L'Atoll marque un tournant dans l'histoire des centres commerciaux. Conçu en périphérie, cet ensemble à son ouverture s'impose comme le plus grand centre commercial du Grand Ouest avec 71 000 m² de surface commerciale. De son côté, l'Assemblée des communautés de France (AdCF), regroupant 1 250 agglomérations et intercommunalités, estime que la loi de modernisation de l'économie (LME) de 2008 a favorisé l'étalement urbain.

2013 : Carrefour annonce le rachat à Klépierre de 126 galeries commerciales pour 2,7 milliards d'euros. La nouvelle société, Carmilla, détenue à 42 % par le groupe Carrefour, regroupera 172 centres en France et à l'étranger. Selon une enquête de l'Obsoco, 92 % des Français disent fréquenter un hypermarché au moins une à deux fois par mois.

2014 : Coup de gueule de la grande distribution contre l'augmentation de 50 % de la taxe sur les surfaces commerciales (Tascom) qui touche les surfaces commerciales alimentaires et non alimentaires supérieures à 2 500 m². Le collectif contre EuropaCity organise une marche de Roubaix à Néchin en

Belgique. Dans une tribune parue dans *Libération* intitulée « Les villes moyennes, espaces en voie de disparition ? », deux géographes, Daniel Behar et Philippe Estèbe, n'hésitent pas à parler « *d'espaces en voie de disparition* ». À Metz, le chantier de Muse presque achevé, le maire de la ville pourtant à l'origine du projet concède que celui-ci « *met en péril directement le centre-ville et déséquilibrera toutes les villes de l'agglomération* ». S'estimant également trompé par le promoteur du projet de centre commercial du Carré d'Or, le maire de Perpignan le menace en août 2014 de lui faire revoir sa copie avant de proroger finalement le permis de construire : « *Je l'ai signé parce que le refus de le faire pouvait entraîner des conséquences financières importantes pour la Ville.* » En réaction, neuf associations de défense de centre-ville décident de saisir le tribunal administratif pour casser cette décision.

2015 : Jacques Cresta, député des Pyrénées-Orientales, dénonce à l'Assemblée nationale l'absence de mesures « *pour encadrer les extensions démesurées et non régulées des zones commerciales* ». Quatre-vingt-trois personnalités signent dans Mediapart une tribune intitulée « EuropaCity ou le passage en force des pouvoirs publics ».

2016 : Le projet de centre commercial géant d'Unibail, Val Tolosa, devient une affaire d'État. Une réunion de conciliation est organisée à l'Élysée au début de l'année avec les principales collectivités territoriales concernées pour tenter de débloquer ce dossier très contesté. Mais le projet continue de mobiliser contre lui. À la fin de l'année, une « grande marche citoyenne » réunit entre 300 et 500 participants. Dans le Sud, les commerçants des trois plus grandes villes de l'Ouest Hérault unissent leurs forces pour demander au président du syndicat de leur SCoT la mise en place d'un moratoire sur les zones commerciales périphériques. En France, le volume de surfaces commerciales autorisées augmente de plus de 22 %. Une tendance mondiale. Selon le conseil en immobilier d'entreprise mondial CBRE, la construction continue de battre son plein avec 41,9 millions de mètres carrés en chantier en 2015, en hausse de 7,4 %.

2017 : La France compte 2 000 hypermarchés représentant 11 millions de mètres carrés (soit une surface moyenne de 5 500 m^2) et employant plus de 310 000 salariés auxquels il faut ajouter 750 centres commerciaux français représentant 16 millions de mètres carrés (soit une surface moyenne de 21 000 m^2) et hébergeant 30 000 magasins. Régis Schultz, président de l'Alliance du commerce et par ailleurs président de Monoprix, s'alarme dans une interview donnée dans *Le Figaro* : « *Les centres commerciaux de périphérie contribuent à la destruction du lien social.* » À la fin de l'année, la décision du groupe Galeries Lafayette de se séparer de 22 magasins de province tous situés en centre-ville lui donne raison. Autre signal inquiétant : l'enseigne de prêt-à-porter H&M annonce son départ de Boulogne-sur-Mer. C'est sur un autre exemple, Albi, qu'un journaliste du *New York Times* évoque la désertification des centres des villes moyennes françaises. Pascal Faure, directeur général des Entreprises au ministère de l'Économie, justifie pourtant le refus d'un moratoire sur les grandes surfaces de périphérie réclamé par Patrick Vignal, député de l'Hérault et président de Centres-villes en mouvement, en invoquant la liberté d'installation aussi bien que des « *raisons constitutionnelles et européennes* ». Deux mois avant l'élection présidentielle, la ministre du Logement, Emmanuelle Cosse, pointe du doigt la responsabilité des centres commerciaux dans la « *dégradation du cadre de vie, (la) sur-artificialisation des sols, (la) disparition des commerces de proximité, (l')apparition de friches commerciales* ». Le délégué du Conseil National des Centres commerciaux regrette qu'une filière soit stigmatisée. À la fin de l'année, le nouveau ministre de l'Environnement, Nicolas Hulot, émet de fortes réserves sur EuropaCity : « *Si on continue à consommer avec une telle gourmandise nos terres agricoles, à un moment se posera la question de notre souveraineté alimentaire [...]. Les terres agricoles doivent rester des terres rares qu'il faut protéger.* »

2018 : La fédération des enseignes Procos révèle qu'en 2017 le taux de vacance commerciale moyen des centres-villes tricolore s'est établi à 11,1 % (hors Île-de-France), alors qu'il n'était que de 7,2 % en 2012. « *62 % des centres-villes observés ont un taux de vacance supérieur à 10 %, limite symbolique considérée comme critique. Ils étaient seulement 10 % en 2001.* » Le plan Mézard annonce 5 milliards pour revitaliser les centres-villes. Un chiffre à relativiser : le montant sera étalé sur cinq ans et réparti entre 222 communes. Une partie sera par ailleurs accordée en prêts. Moyennement convaincus par l'efficacité de ce plan, les sénateurs adoptent une proposition de loi à 288 voix pour et 0 voix contre visant à durcir les conditions d'implantation des grandes surfaces. Également touchée par la désertification des centres-villes, la Wallonie annonce sa volonté d'« *interdire les centres commerciaux de plus de 2 500 m²* » en périphérie. En province, les enseignes de la distribution continuent de redessiner la carte de leurs implantations. À Fécamp, une pétition comprenant plus 6 000 signatures demande d'arrêter le projet de fermeture du Monoprix.

Projets de zones commerciales en 2018

ÎLE-DE-FRANCE

EuropaCity – Alliages et Territoires (Auchan) et Wanda Group Situé à Gonesse, EuropaCity est un projet de centre commercial régional de 450 000 m² dont 250 000 m² de surfaces commerciales, 200 000 m² de surfaces dédiées aux loisirs et à la culture ainsi que 20 000 m² de restaurants. Le projet prévoit également l'établissement d'un parc urbain sur 10 hectares mais également la création d'une ferme urbaine sur 7 hectares de terres. Initialement prévu pour 2024, le projet semble au point mort.

Les opposants à ce projet ne manquent pas. Des commerçants aux agriculteurs locaux en passant par l'ancien ministre de l'Environnement, Nicolas Hulot, tous dénoncent la consommation exacerbée de terres agricoles. En 2011, un Collectif pour le Triangle de Gonesse a même été mis en place en opposition à la construction du centre commercial. Il regroupe une quinzaine d'associations dont quatre associations départementales (les amis de la terre du Val-d'Oise, Environnement 93, MNLE 93, Val-d'Oise Environnement) et a reçu le soutien de France Nature Environnement, de la CGT IDF, du réseau Amap. Sur le plan pénal, diverses procédures sont en cours, dont le recours, déposé en novembre 2016 contre l'arrêté préfectoral de création de la ZAC devant le tribunal administratif de Cergy-Pontoise par huit associations de protection de l'environnement, celui contre la déclaration d'utilité publique, ou encore celui contre le nouveau Plan local d'urbanisme (PLU) adopté par Gonesse pour faciliter l'implantation du centre. Ce dernier a été déposé en décembre 2017 par La Capade, une association de commerçants d'Aulnay-sous-Bois. En mai 2018, l'État a fait appel de la décision du Tribunal administratif de Cergy-Pontoise du 6 mars. Celle-ci avait annulé l'arrêté autorisant la zone d'aménagement concerté (ZAC), le tribunal trouvant l'étude sur l'impact insuffisante sur certains points.

Dernièrement, en juillet 2018, le commissaire enquêteur chargé du rapport de la commission d'enquête sur l'aménagement de la ZAC du Triangle de Gonesse, sur laquelle est prévue l'installation du complexe touristique et commercial EuropaCity, a donné un avis favorable à l'ensemble du projet.

ZAC du Chemin Herbu – SOPIC NORD
La ZAC du Chemin Herbu à Persan est un centre de 29 000 m². Depuis 2011, les écologistes s'opposent à un projet jugé trop gourmand en terres agricoles. Rejeté en 2011, le projet est de nouveau présenté avec plus d'espaces verts et une diminution de la capacité du parking mais de nouveau

refusé en 2014. En 2016, la Cour administrative d'appel de Versailles casse le verdict de la CNAC et le projet est accepté en février 2017. Les travaux de voiries aux alentours ont débuté en 2017 dernier.

RÉGION SUD

Open Sky – La compagnie de Phalsbourg
Localisé à Valbonne, le projet que l'on peut qualifier de « pharaonique » doit transformer l'entrée de la Technopole de Sophia Antipolis en 2020. Ce *retail park* rassemblera sur 100 000 m² de commerces, restaurants, bureaux, salles de conférences, loisirs, hôtels… Annoncé pour 2020, le projet a pris du retard en raison des oppositions qu'il suscite. Contrevenant aux usages en cours qui veulent que les promoteurs évitent de se livrer une guerre juridique entre eux, Altaréa Cogedim, propriétaire du centre Cap 3 000, a engagé un recours en justice pour contester l'utilité publique du projet. De son côté, David Lisnard, maire Les Républicains de Cannes et vice-président du Département, ne s'est pas gêné pour dénoncer cette « folie dangereuse » de la multiplication de ces grands centres commerciaux. Pas de quoi effrayer Jean Leonetti. Le président de la Communauté d'agglomération Sophia Antipolis affirmait en décembre 2017 : « *On ne va pas regarder non plus le train de la modernité se développer dans les communes autour de nous.* » Sauf surprise, la construction d'Open Sky devrait donc se faire… sauf si le recours du centre concurrent aboutit.

Nice Valley – Groupe Desjouis à la création / Bouygues aujourd'hui
Ce centre de 54 000 m² articulé autour d'un Ikea de 32 000 m² fait l'objet d'un combat juridique acharné depuis dix ans. L'implantation du Family Village/Ikea, à l'origine de 15 000 m² et situé à Mougins, conçu par Altarea Cogedim et Ikea, est rejeté en 2007. Un nouveau projet est présenté en 2009 et de nouveau rejeté en 2010 en raison de l'insuffisance des aménagements routiers pour absorber les flux de véhicules générés par ce nouveau centre commercial. En 2013, à la surprise générale, le projet resurgit **à l'ouest de Nice, au sein de l'écoquartier de Nice Saint-Isidore.** L'annonce est faite en avril par Christian Estrosi lors d'une conférence de presse sur l'avenir de ce quartier en présence du directeur général d'Ikea France, du préfet des Alpes-Maritimes et de Jean-Michel Wilmotte, architecte urbaniste. Une nouveauté ? Pas vraiment. Déjà en 1997, le maire de Nice d'alors, Jacques Peyrat, annonçait son intention d'accueillir à Saint-Isidore un Ikea et, à l'époque, un Castorama. Malgré la fronde des élus du département impacté par le nouveau projet, le nouveau projet porté cette fois-ci par Bouygues obtient son permis de construire en 2016. L'association En Toute Franchise dépose alors un recours auprès de la cour d'appel de Marseille. Sa présidente, Martine Donette, conteste l'utilité de l'implantation de la grande surface et de nouveaux commerces dans cette zone : « *Il y a 3 200 m² de boutiques qui viennent avec Ikea. Or il y a 600 commerces fermés à Nice, c'est une vraie hécatombe.* » La

réponse ne se fait pas attendre. En 2017, Bouygues assigne l'association en justice, rejoint par Ikea, la Métropole Nice Côte d'Azur et la Ville. En Toute Franchise se voit réclamer 22,8 millions de dommages et intérêts. En 2018, Ikea n'est toujours pas présent sur le site et de nombreuses cellules commerciales vides s'étendent sur l'ensemble du centre commercial.

Hypermarché Leclerc Brignoles – SAS Bridis

Situé sur la zone d'activité Saint-Jean de Brignoles (Var), ce projet d'extension du E. Leclerc local portant la surface de l'hypermarché à plus de 7 000 m² et prévoyant une galerie marchande de plus de 3 000 m² obtient le feu vert de la CNAC en 2014 puis de la cour administrative d'appel de Marseille en 2016. Suite à un ultime recours du concurrent local, Casino, le Conseil d'État confirme en 2017 un projet qui « *constitue une offre complémentaire à ce qui existe à Brignoles* », se révèle compatible avec le schéma de cohérence territoriale (SCoT) et s'inscrit dans un espace déjà urbanisé. Concernant enfin les critiques émises sur l'augmentation de la circulation provoquée par cette extension, il a été rappelé l'engagement de la SAS Bridis de « *prendre en charge l'aménagement routier conseillé dans l'étude de trafic, avec l'accord des élus locaux* ». Fin de l'histoire ? Pas vraiment. Après l'accord d'un premier permis de construire, finalement non réalisé, le second, d'abord accordé, a fait l'objet d'un retrait administratif par le maire. L'extension donne lieu à force débats au conseil municipal depuis le printemps 2018.

Autres projets dans la Région Sud :
Cap 3 000 (extension de 52 000 m²) par Altarea Cogedim, à Saint-Laurent-du-Var (Alpes-Maritimes) ; **Le fort des Têtes** (17 000 m²) par Next Financial Partners, à Briançon (Hautes Alpes) ; **Les Jardins** (12 780 m²) par Immo Mousquetaires, à Manosque (Alpes-de-Haute-Provence), validé par la CDAC en 2016 et rejeté en CNAC en 2017 ; **Iconic** (19 000 m²) par la Compagnie de Phalsbourg, Nice (Alpes-Maritimes) ; **Centre commercial La Londe** (8 555 m²) par la SARL Sportimmo, validé en 2015 mais rejeté par la CNAC suite à un recours de l'association En Toute Franchise ; **Hypermarché Carrefour la Pioline** (6 000 m²) par Carrefour Property France, à Aix-en-Provence (Bouches-du-Rhône), rejeté par la CDAC mais accepté en CDAC, **Alpha 2017** (63 000 m²) par Immochan, à Aubagne (Bouches-du-Rhône) en bonne voie de réalisation malgré l'opposition du maire d'Aubagne Gérard Gazay et du Conseil de la communauté d'agglomération du pays d'Aubagne et de l'Étoile (CAPAE) ; **Les croisières** (24 000 m²) par Groupe Duval Immobilier, à Carpentras (Vaucluse), adopté en 2016 après avoir été rejeté deux fois en CNAC ; **Hypermarché Leclerc Carpentras** (extension de 1 198 m² portant la surface de l'hypermarché à 7 965 m²), par Groupe Duval Immobilier.

HAUTS-DE-FRANCE

Rivière Neuve – Ville de Calais
Situé à Calais, le projet de zone commerciale de la Rivière Neuve prévoit de s'étendre sur 170 000 m². La construction d'un hypermarché Leclerc d'une surface commerciale de

6 000 m² est également prévue. L'ouverture des premières enseignes est prévue en 2019-2020. Cependant, l'avis défavorable de la CNAC rendu en juillet 2018 risque de compliquer l'apparition de ce nouveau pôle commercial de périphérie.

Dès 2017, le projet et particulièrement le Leclerc font l'objet de contestations. Avant même le passage du projet devant la Commission départementale de l'aménagement commercial, la Fédération de commerce du Calaisis lançait une pétition contre sa réalisation. Sylvain Hodicq, président de la fédération, déclarait que cette implantation serait une catastrophe pour le territoire et estimait que Calais n'avait pas besoin d'une énième grande surface. En mars 2018, la CDAC en juge autrement puisque le projet est accepté. Quelques mois plus tard, après un recours déposé devant la CNAC, le projet est, cette fois-ci, retoqué. C'est la proximité de l'implantation avec le centre-ville qui est, dans un premier temps, relevée par la CNAC. Partant de là, la commission a estimé que « *l'apparition d'un nouveau pôle commercial de périphérie est susceptible de fragiliser l'animation de la vie urbaine sur la commune de Calais alors que celle-ci connaît un temps de vacance commerciale d'environ 20 %* ».

Un second argument est mobilisé par l'instance : l'incohérence d'un tel projet alors que la commune de Caen a reçu plusieurs subventions, notamment les fonds Fisac et « Action cœur de ville », lesquelles sont destinées à redynamiser le centre-ville. Quant à l'argument des 400 emplois créés par l'arrivée de Leclerc, brandi par Natacha Bouchart pour défendre le projet, il n'est même pas évoqué dans le texte de la CNAC. À noter que les autres projets d'implantation zone de la Rivière Neuve (centre automobile de Leclerc et déménagement du Brico Dépôt) ont été rejetés pour les mêmes motifs que l'hypermarché lui-même.

ZAC de la Mine d'Or – Communauté de Communes du Sud-Ouest Amiénois
Située à Croixrault, la ZAC (zone d'aménagement concerté) de la Mine d'Or est un projet d'ensemble commercial de 9 000 m² dont 5 000 m² pour la construction d'un E. Leclerc assorti d'une galerie marchande de 10 commerces et d'un espace culturel de 1 000 m². Un magasin de bricolage-jardinerie-animalerie est également annoncé. Initialement prévu pour 2020, le projet semble au point mort.

Plusieurs acteurs sont mobilisés contre le projet. Trois associations de commerçants de la région, l'association de Poix-de-Picardie (Somme), celle de Grandvilliers (Oise) et celle d'Aumale et Conty (Somme) estiment que cette ZAC portera atteinte aux commerces existants sur 30 km à la ronde. La présidente de l'association de Poix-de-Picardie demande que la ZAC soit plutôt aménagée de façon à « *faire venir des usines qui ont de la valeur ajoutée et participer au développement économique* » et non pas « *monter un supermarché et déplacer les zones de chalandise* ». Le projet est soutenu par la Communauté de Communes Somme Sud-Ouest. Son ancien président, M. Delannoy, voyait l'arrivée du géant de la grande distribution comme « *un couronnement* » et l'aboutissement du « *cercle vertueux* » en faveur de l'emploi. Le nouveau président Alain Desfosses est quant à lui plus prudent. Il a récemment affirmé lors du conseil communautaire de décembre 2017 que « *pour l'instant, il n'y a rien de signé* » et que le « *projet devra avant tout être débattu en conseil par l'ensemble des maires* ». Tous les maires de l'intercommunalité ne semblent en effet pas favorables au projet, à l'image de la maire de Poix-Picardie qui souhaite que les orientations du SCoT (schéma de cohérence territoriale) soient scrupuleusement respectées, tout comme celles du Fond d'Intervention pour les Services, l'Artisanat et le Commerce dans lequel s'est engagée la CC2SO pour redynamiser ses centres.

NORMANDIE

Inter Ikea Caen – Ikea
Situé à Fleury-sur-Orne dans l'agglomération de Caen, InterIkea Caen est un projet de centre commercial régional de 74 000 m² dont 30 000 m² d'IKEA et 10 000 m² d'hypermarché Auchan. Il prévoit aussi l'installation de 70 magasins, 16 moyennes surfaces, 6 000 m² dédiés aux loisirs, 3 000 m² de lac artificiel, 800 m² de miroir et 3 200 places de parking. Bien que la délivrance du permis de construire date de 2016, les travaux n'ont toujours pas débuté.

Depuis 2016, les recours contre ce projet se multiplient. En mai de cette année-là, toutes les requêtes ont été rejetées par la Cour administrative d'appel de Nantes. Non loin de décourager les opposants au projet porté par le groupe Ikea, en octobre 2016, un second recours devant le Conseil d'État est déposé, cette fois-ci, par la Ville et plusieurs associations de commerçants dont les Vitrines de Caen (centre-ville). Quelques mois plus tôt, Joël Bruneau, maire de Caen, avait déclaré redouter les conséquences de ce projet sur le commerce local dans une zone déjà abondante en surfaces commerciales. Fin 2017, suite à ce recours, le Conseil d'État décide de renvoyer l'affaire devant les juges nantais, estimant qu'ils avaient commis une erreur de droit. Ils sont alors invités à réexaminer le dossier. Dans le même temps, plusieurs associations ont elles aussi déposé un recours pour non-conformité du permis de construire au SCoT. Parmi ces associations, on retrouve Alternatiba Caen, Normandie Équitable, le Grape (Groupement régional des associations de protection de l'environnement de Basse-Normandie) et Hastings Saint-Nicolas pour la qualité de la vie à Caen et dans son agglomération. Dernier rebondissement en date : en avril 2018, la Cour administrative de Nantes examinait à nouveau ce dossier à la demande du Conseil d'État. Le rapporteur public a préconisé, lors de l'audience sur le dossier de zone commerciale Ikea à Fleury-sur-Orne (Calvados), l'annulation des décisions précédentes en faveur du projet.

Autres projets en Normandie :
ZAC Portes de Bretagne (extension de 27 000 m^2) à Condé-sur-Sarthe, refusé par la Commission nationale d'aménagement commercial et la cour administrative d'appel de Nantes mais un recours devant le Conseil d'État n'est pas exclu ; **Division Leclerc** (29 300 m^2) par Commespace à Avranches (Manche).

VAL DE LOIRE

Zone commerciale Moulin-Marcille – IDEC

La Zone commerciale Moulin-Marcille est un mégacentre commercial. Un projet d'extension de 25 000 m² (s'ajoutant aux 34 000 m² existants) a été initié. Le projet est bloqué en raison de deux avis défavorables rendus par la CDAC (Commission départementale d'aménagement commercial). En 2016, le projet a été retoqué suite au recours posé par Système U qui s'opposait à l'ouverture d'un Grand Frais sur la zone puis en 2017 en raison de l'absence d'un accès routier viable.

OCCITANIE

Val Tolosa – Unibail-Rodamco-Westfield

Situé à Plaisance-du-Touch, dans la banlieue ouest de Toulouse, Val Tolosa est un projet de centre commercial et de loisirs sur près de 44 hectares. Il prévoit la création de 90 000 m² de surface bâtie dont 61 000 m² pour un hypermarché et 160 surfaces commerciales. Le projet envisage aussi la création d'un espace de restauration au bord d'un lac artificiel de 1,8 hectare, l'aménagement de 9 hectares d'espaces verts et la plantation de 2 000 arbres sur le plateau de la Menude. Initié en 2005, le projet semble une nouvelle fois à l'arrêt depuis le 8 septembre 2018.

Le tribunal administratif de Toulouse a en effet annulé deux arrêtés accordés par la préfecture de la Haute-Garonne, pour commencer les aménagements de la zone. Il s'agit du décret de juillet 2017 autorisant le déplacement d'espèces protégées pour réaliser le centre commercial et de celui d'octobre 2014 autorisant la réalisation du barreau routier reliant Val Tolosa et la route nationale. Les juges ont considéré que le projet ne représentait pas un « *intérêt public majeur* » au nom duquel on pourrait sacrifier l'environnement. Si le promoteur Unibail Rodamco a annoncé son intention de faire appel, les opposants appartenant au Collectif « Non à Val Tolosa » se sont dits réjouis. Selon eux, Val Tolosa nuirait aux petits commerces et à l'emploi dans les villes alentour et aggraverait les conditions de circulation automobile sans oublier l'impact considérable sur l'environnement. Le maire de Plaisance-du-Touch, en faveur du projet, s'est montré nuancé. Il a déclaré « *prendre acte de la décision du tribunal administratif* (…) » avant de rappeler qu'il revenait désormais à « *Unibail Rodamco de dire quelle suite il entend donner à son projet de Val Tolosa* ». La préfecture s'est retenue de tout commentaire, annonçant seulement avoir pris acte de ce jugement. Cette décision vient s'ajouter à une première annulation du permis de construire en appel en juin 2016 et à l'annulation du cinéma multiplexe en mai 2017.

Ode à la Mer – Frey

Ode à la mer comprendra 72 000 m² de surface commerciale. Le projet ne devait être à l'origine qu'un transfert des commerces situés dans une zone avoisinante. Finalement, le promoteur a dû reconnaître que 30 % des commerces seraient des créations pures. Le flou entretenu sur ces nouvelles enseignes pourrait s'expliquer par la volonté de Frey de rentabiliser son investissement en privilégiant des commerces directement concurrents du centre-ville. Autre reproche adressé par les opposants au projet : l'artificialisation de 13 hectares d'espaces naturels et agricoles dont le rôle est pourtant jugé essentiel contre les inondations. Dans une déclaration, la Chambre d'agriculture notait ainsi que « *cette vaste zone, fortement marquée par le fait urbain (voies de communication, zones commerciales et d'habitat diffus), connaît une pression foncière extrêmement tendue alors que demeurent quelques exploitations agricoles sur plus de 110 ha en exploitation. L'agriculture y joue son rôle multifonctionnel : elle y assure déjà un rôle de préservation des paysages et du cadre de vie ; mais aussi une protection contre les risques d'inondations ; et une opportunité, pour les consommateurs, d'acheter des produits locaux.* »

Autres projets en Occitanie :
ZAC de Labéraudie (8 025 m²) par la SCI Rives du Lot, à Cahors (Lot), après un premier projet de centre commercial de 11 000 m² présenté par le groupe Klépierre en 2009 ; **zone du Grand Chêne** (22 000 m²) par la Cogefa, à Auch (Gers) autorisée en dépit de recours déposés en 2013 et en 2014 auprès du Conseil d'État ; **ZAC de Peysales** (23 000 m²) par Immo Mousquetaires à Foix (Ariège) ; **Porte Sud** (7 745 m²) par Foncière de France à Alès (Gard).

AUVERGNE-RHÔNE-ALPES

ZAC de Ferney Genève – Altaréa Cogédim
La ZAC de Ferney Genève à Ferney-Voltaire est un projet de centre commercial de 195 000 m² intégrant des activités

économiques et des logements. Altaréa Cogédim a remporté l'appel d'offres organisé par la société publique locale Terrinov en 2017. Un permis de construire devrait être déposé en 2019 pour une ouverture en 2021.

Zone commerciale des Gravanches – Ikea Centres
La Zone commerciale des Gravanches à Clermont-Ferrand est un projet de centre commercial de 40 000 m² comprenant un Leroy Merlin de 14 000 m². Le projet est en phase de concertation suite à l'élaboration d'un nouveau SCoT (schéma de cohérence territoriale). Deux recours ont été rejetés en 2013 et en 2014. Aujourd'hui, seuls les 14 000 m² du Leroy Merlin sont autorisés.

Autres projets en Auvergne-Rhône-Alpes :
Centre commercial de la Sablière (3 500 m²) par Sopic Sud-Ouest à Aurillac (Cantal) ; **ZAC des Moletons** (extension de 2 940 m²) à Monistrol (Haute-Loire) autorisée contre l'opposition du comité citoyen Front de Gauche de la ville estimant que l'extension de cette zone commerciale (portée à plus de 11 000 m²) participe à la ruine du centre-ville.

BOURGOGNE-FRANCHE-COMTÉ

ZAC des Marinières Besançon – Frey
La ZAC des Marinières Besançon Chalezeule est un projet commercial de 9 000 m². Officiellement annoncé en février 2017, le projet, dont les travaux étaient annoncés mi 2018 pour une

livraison à l'été 2019, est au point mort. La CDAC a statué en défaveur du projet en 2017, le jugeant insuffisamment précis concernant le volet environnemental. Le projet se situe seulement à quelques kilomètres du projet Carrefour de Chalezeule.

GRAND-EST

ZAC du Moutot – Sopic
La ZAC du Moutot à Lavau est un projet de centre commercial de 6 440 m² pour 12 cellules commerciales, auxquelles s'adjoindront 2 500 m² d'hôtels et restaurants. Il est en cours de construction.

NOUVELLE-AQUITAINE

ZAC du Theil – Intermarché
La ZAC du Theil à Ussel est un centre commercial de 11 293 m² comprenant un Intermarché et une galerie marchande. Le projet a été validé en décembre dernier 2017 après deux refus du transfert de l'Intermarché. Le projet initial comprenait en plus de la galerie marchande des moyennes surfaces spécialisées en équipement de la maison. Revu à la baisse, le projet a été accepté malgré l'opposition ouverte de la première adjointe au maire d'Ussel. Un recours en CNAC est envisagé.

Bibliographie

LIVRES

Jacquiau C., *Les coulisses de la grande distribution*, Editions Albin Michel, 2000.

Mangin D., *La ville franchisée*, Éditions de la Villette, 2004.

Lebreton J-P. (sous la direction de), Évaluation juridique des premiers schémas de cohérence territoriale, La Documentation française coll. Cahier du GRIDAUH, 2009.

Gasnier A. et Lemarchand N. (sous la direction de), *Espaces marchands et enjeux de société*, Presses universitaires de Rennes, 2014.

Guilluy C., *La France périphérique*, Flammarion, 2014.

Razemon O., *Comment la France a tué ses villes*, Editions Rue de l'Echiquier, 2017.

Chauvier É., *La petite ville*, Éditions Amsterdam, 2017.

Carpentier J-N. et Mangin D., *Le maire, l'architecte, le centre-ville… et les centres commerciaux*, Books on Demand, 2017.

Pagot A., *Grande Distribution, Commerce Traditionnel : Quelle Concurrence ?* Independently Published, 2017.

Marchal H. et Stebe J-M., *La France périurbaine*, Que sais-je ?, 2018.

Chansigaud V., *Les Français et la nature. Pourquoi si peu d'amour ?*, Acte Sud, 2018.

Herpin N., *Sociologie de la consommation*, La Découverte, 2018.

Charbonnneau B., *Vers la banlieue totale*, Eterotopia, 2018.

RAPPORTS, MÉMOIRES ET COLLOQUES

Charie J.-P., *Pas de cité réussie sans commerce, pas de vitalité dans intérêt général. Avec le commerce mieux vivre ensemble*, Documentation française, mars 2009.

Cliquet G., Perrigot R. et Basset G., *50 ans de grandes surfaces en France : et maintenant ?*, Colloque Étienne Thil 2013, octobre 2013.

Sart H., *Concurrence et stratégie de la grande distribution*, Mémoire de spécialité en vue de l'obtention du Master 2

Professionnel Consommation et Concurrence, Université Montpellier 1, 2014.

Duhamel P.-M., Munch J., Freppel C., Narring P. et Le Divenah J.-P., *La revitalisation commerciale des centres-villes*, Inspection Générale des Finances, Conseil Général de l'Environnement et du Développement Durable, juillet 2016.

Madry P., *Ville et commerce à l'épreuve de la déterritorialisation*, Thèse de doctorat de l'École doctorale Sciences humaines et sociales de Rennes, 2016.

Assises pour la revitalisation économique et commerciale des centres-villes, Ministère de l'Économie et des Finances, février 2017.

Marcon A., *Mission prospective sur la revitalisation commerciale des villes petites et moyenne*, Ministère de la cohésion des territoires, mars 2018.

ARTICLES

Moati Ph., Commerce : la périphérie rafle la mise... mais les villes centres et le rural se portent bien, *Consommation et Modes de vie*, 2005, n°185, 4 pages.

De Jarcy X. et Remy V., Comment la France est devenue moche, *Télérama*, 12 février 2010.

Tarteret O. et Hanne H., Grande distribution et croissance économique en France, *DGCCRF Eco*, N°11, décembre 2012, 15 pages.

Desse R.-P., La fin de l'urbanisme commercial à la française, *Les Annales de la Recherche Urbaine*, 2013, pp. 4-15.

Franck Gintrand en collaboration avec Olivier Berlioux, Pour les villes moyennes, demain, il sera trop tard, *Slate*, 11 juillet 2014.

Gintrand F., Attention à la prolifération des zones commerciales, *Le Monde*, 18 février 2015.

Alle C., La régulation de l'urbanisme commercial : élus locaux *versus* promoteurs ?, *Métropoles*, N°16, 2015, 20 pages.

Prudhomme C., Le déclin commercial des centres-villes s'aggrave, *Le Monde*, 20 novembre 2016.

Razemon O., Centres-villes à vendre, *Le Monde*, 11 janvier 2016.

Assaf L. et Camelin S. (sous la direction de), Shopping malls : l'avènement de la modernité ?, *Ateliers d'Anthropologie*, n°44, 2017.

Interview de Franck Gintrand par Hugo Soutra, Fiscalisons davantage les constructions en plein champ pour sauver les centres-villes, *Le courrier des maires*, 3 novembre 2017.

Interview de Régis Schultz par Ivan Letessier, Les centres commerciaux de périphérie contribuent à la destruction du lien social, *Le Figaro*, février 2017.

Interview de Philippe Houzé par Letessier I. et Martin J.-O., Revitaliser les centres-villes, c'est possible, *Le Figaro*, avril 2017.

Tendil M., Urbanisme commercial en Europe : tous logés à la même enseigne ?, *Localtis*, septembre 2017.

Sabbah C., Les centres commerciaux souffrent mais ne coulent pas, *Les Échos*, 6 juin 2018.

AUTRES ARTICLES DE FRANCK GINTRAND

En France et en Belgique, des élus s'opposent à l'appétit d'ogre du géant Ikea. *La Tribune*, octobre 2014.

Les maires doivent-ils encore croire dans leurs centres-villes ? *La Tribune*, octobre 2014.

Prolifération des zones commerciales : aux sources du mal. *La Tribune*, février 2015.

Étalement urbain, invasion des zones commerciales : l'incroyable silence des Verts. *L'Obs*, mars 2015.

Pour un commerce indépendant mais uni. *La Tribune*, juillet 2015.

La crise emballe le marché des zones commerciales de périphérie. *La Tribune*, septembre 2015.

À Caen, Ikea dépasse les bornes. *Huffingtonpost*, septembre 2015.

Centre commercial Ikea de Caen : de l'impuissance des politiques d'urbanisme. *Le Cercle Les Échos*, 5 janvier 2017.

Val Tolosa, le centre commercial d'Unibail : un projet déraisonnable. *Le Cercle Les Échos*, mars 2017.

La France toujours plus moche. *Slate*, mai 2017.

Pourquoi l'échec de Val Tolosa ne présage pas forcément celui d'EuropaCity. *Le Cercle Les Échos*, juillet 2017.

L'Inter Ikea près de Caen verra-t-il le jour ? *Le Cercle Les Échos*, 22 octobre 2017.

Après la crise, le « mall » américain se réinvente. *Les Échos*, décembre 2017.

Le Millénaire, Aéroville, Polygone Riviera : le pari risqué du centre commercial haut de gamme. *Les Échos*, décembre 2017.

Pourquoi les hypermarchés vont continuer à envahir la France. *Slate*, mars 2018.

Notes

1 Castanet M. L'hypermarché, un temple du commerce contesté. *La Croix*. 22 janvier 2018.

2 Grande distribution et croissance économique en France, DGCCRF Eco, N°11 Décembre 2012.

3 90' Enquêtes – Folie des grandeurs, vols à l'étalage : dans le secret des centres commerciaux.

4 L'Observatoire des Sites Commerciaux 2017, CNCC, 30 mars 2018.

5 idem

6 Les livres de Christian Jacquiau, *Les coulisses de la grande distribution* et de Philippe Moati, *L'avenir de la grande distribution*, remontent déjà à 2000 et 2001.

7 Des articles critiques tels que celui de Guillaume Barbat, Grégory Bressollet et Jean-Marc André sur le « cadre d'analyse pour les démarches environnementales de la grande distribution » dans la *Revue française de gestion*, 2012, restent très rares.

8 Depuis la proposition de loi malheureusement restée sans suite des députés Patrick Ollier (UMP) et Michel Piron (PS) en 2010, plusieurs parlementaires ont malgré tout pris le parti de dénoncer l'impact social, environnemental et urbain de la distribution française. On citera notamment les sénateurs Rémy Pointereau (LR) et Martial Bourquin (PS) à l'origine d'une proposition de loi volontariste, « Pacte national pour la revitalisation des centres-villes et centres-bourgs », ou encore le député et président de l'association Centres-villes en mouvement, Patrick Vignal (LREM).

9 Cusk R. *Arlington park*. Points, 2008.

10 Ernaux A. *Regarde les lumières mon amour*. Seuil, 2014.

11 idem

12 Présentée par Michel Péricard, journaliste avant d'être élu député et vice-président de l'Assemblée nationale, *La France défigurée* s'intéresse à l'impact environnemental de l'urbanisation, de 1971 à 1977, sur la première chaîne de l'ORTF puis sur TF1.

13 Gérard A. La « baisse Sarkozy » fait plonger Carrefour. *Le Parisien*, 13 octobre 2004.

14 Zambaux G. Consommation : le pari perdu de Sarkozy. *Le Parisien*, 22 octobre 2004.

15 idem

16 Les prix ont baissé en hypermarchés. Merci qui... ?, De Quoi Je me mêle, tribune de Michel-Édouard Leclerc, 21 avril 2005.

17 Aubril S. La réforme de l'urbanisme commercial se fait attendre. *LSA*, 29 novembre 2009.

18 Loi de modernisation de l'Économie. Premier bilan, *economie.gouv.fr*

19 idem

20 Letessier I. Les consommateurs nostalgiques du petit commerce de proximité. *Le Figaro*, 28 novembre 2008.

21 Mise en œuvre de la loi de modernisation de l'économie du 4 août 2008 : un premier bilan contrasté, *senat.fr*

22 Gintrand F. Lutte contre l'invasion des zones commerciales : 40 ans d'échec. *Les Échos*, 13 novembre 2017.

23 Bouchoui C. Grande distribution : La guerre des prix empêche de parler de la qualité des produits. *L'Obs*, 22 janvier 2018.

24 Le temps des courses depuis 1974, Insee Premier, janvier 2015.

25 Scheffer N. Grande distribution : Internet ne fait pas d'ombre au magasin physique. *Les Échos*, 26 avril 2017.

26 Kranklader E. Où fait-on ses courses ? Division Conditions de vie des ménages, *insee.fr*

27 Merlaud B. Villiers-en-Bière, le Carrefour de tous les superlatifs. *Linéaire*, 28 novembre 2016.

28 Castagnet M. L'hypermarché, un temple du commerce contesté. *La Croix*, 22 janvier 2018.

29 Merlaud B. Villiers-en-Bière, le Carrefour de tous les superlatifs. *Linéaire*, 28 novembre 2016.

30 Distribution : les grands hypermarchés font de moins en moins recette. *Le Parisien*, 31 juillet 2017.

31 idem

32 Bertrand Ph. Michel-Édouard Leclerc : « Nous avons encore de quatre à cinq ans de croissance sous le pied ». *Les Échos*, 4 mai 2017.

33 Devenir leader pour mieux servir le consommateur : la preuve par les chiffres, www.mouvement.leclerc, 8 février 2018.

34 institutdesterritoires.com, 2018.

35 Gintrand F. La France toujours plus moche. *Slate*, 15 mai 2017.

36 *Mall* en anglais se prononce mol.

37 Gintrand F. Après la crise, le *mall* américain se réinvente. *Les Échos*, 20 décembre 2017.

38 Beaujeu-Garnier J. Comparaison des centres-villes aux États-Unis et en Europe. Annales de géographie, année 1972.

39 La grande histoire des centres commerciaux, toute-la-franchise.com, 28 juin 2010.

40 Maligorne C. 7 choses à savoir sur les centres commerciaux en France. *Le Figaro*, 15 décembre 2017.

41 Guérin J-Y. Simon, invité surprise dans Klépierre. *Le Figaro*, 8 mars 2012.

42 Klépierre : Résultats annuel 2017.

43 Sites Commerciaux, juin 2017 spécial Siec17.

44 Carrefour cote en Bourse l'ensemble de ses actifs immobiliers, AFP, 3 mars 2017.

45 À titre d'exemple, des boutiques du centre commercial Grand Var ont été sanctionnées pour avoir chômé le 14 juillet (*L'Express*, 10 août 2016).

46 Foncières : leur niveau d'endettement est « modéré » (Tixier F. *pierrepapier.fr*, 9 octobre 2016), même si la future remontée des taux pèse sur les foncières cotées (Fay P. *Les Échos*, 13 avril 2018).

47 Deschamps J. Les foncières cotées et les logements parisiens plus rentables que la Bourse, *Le Monde*, 21 juillet 2017.

48 Trop de centres commerciaux en périphérie ? (Point de vue de Gontran Thüring, Conseil National des Centres commerciaux. *Business Immo*, 24 mars 2017), et ma réponse, Oui, Monsieur Thuring, les centres commerciaux de périphérie sont un problème (Point de vue de Franck Gintrand. *Business Immo*, 14 avril 2017).

49 Par zone périurbaine on entend la banlieue, et par zone périphérique, la périphérie des villes moyennes.

50 Gintrand F. Pas de redynamisation des centres-villes sans courage politique. *La Tribune*, 8 avril 2015.

51 La grande distribution face au risque de moratoire. *Les Échos*, 4 juillet 2016.

52 Bicard D. Retail-parks, dix ans d'innovations et encore du neuf. *LSA*, 10 novembre 2016.

53 Chaumeil Ch. Projet commercial Steel : les surfaces très convoitées. *Le Progrès*, 30 juin 2016.

54 Duval, le retail park à la française, *Entreprendre.fr*, 7 avril 2017.

55 Lelogeais E. Le renouveau des retail parks en France. *Agorabiz*, 8 décembre 2016.

56 Bicard D. Le futur des surfaces de l'immobilier commercial en 13 chiffres-clés. *LSA*, 22 janvier 2018.

57 Haillot E. Centre commercial de Fenouillet : ouverture le 8 novembre. *La Dépêche*, 10 octobre 2016.

58 Bicard D. Retail-parks, dix ans d'innovations et encore du neuf. *LSA*, 10 novembre 2016.

59 Delenclos G. Antoine Frey Le shopping promenade, avenir des centres commerciaux. *Reflets Actuels*, 4 juillet 2017.

60 Rapport d'activité Frey 2016

61 Montpellier : Ode à la mer, le futur Odysseum géant. *Midi Libre*, 17 novembre 2017.

62 Robischon Ch. À Strasbourg, la zone commerciale Nord va se moderniser pour 200 millions d'euros. *Le Moniteur*, 24 octobre 2016.

63 Franchise, Wikipédia

64 Matasmi J. Top 5 des plus grands réseaux de franchise au monde. lesechosdelafranchise.com, 5 décembre 2016.

65 Parigi J. Top 100 de la franchise et des réseaux indépendants en 2017 ? *LSA*, 10 octobre 2017.

66 Celio se lance à son tour sur le marché de la franchise. *Franchise magasine*, 25 mai 2005.

67 Jury E. Plan marketing recrutement franchisés. Pourquoi est-ce primordial ? *LSA*, 11 mars 2014.

68 Étude de l'institut des Territoires (2018)

69 Amazon vise les mille milliards de dollars de capitalisation. *AFP*, 27 juillet 2018.

70 Feuillebois S. Distribution, centres commerciaux : comment les acteurs résistent à l'ogre Amazon. *Le Revenu*, 20 juillet 2018.

71 Grandin de l'Eprevier J. Antoine Frey : « Ce n'est pas en empêchant les centres commerciaux de se transformer que l'on sauvera les centres-villes ». *L'Opinion*, 6 juin 2018.

72 E-commerce : la France vise les 100 milliards d'euros de chiffre d'affaires en 2019. *La Tribune*, 6 février 2018.

73 Ebrard Q. Chiffre d'affaires de l'e-commerce aux États-Unis. *Journal du Net*, 15 mai 2018.

74 Classement des sites Internet les plus visités depuis un ordinateur en France en avril 2018, selon le nombre de visiteurs uniques par mois (en milliers), fr.statista.com

75 PDG de Cdiscount : « Nous sommes le numéro 1 du e-commerce en France ! ». Propos recueillis par Sandrine Bajos. *Le Parisien*, 2 mai 2016.

76 Grande consommation et e-commerce : la France championne d'Europe avec 6,6 % des achats réalisés online, Nielsen.com, 25 mai 2018.

77 Fauconnier F. Amazon Fresh suspend son service dans plusieurs zones des États-Unis. *LSA*, 3 novembre 2017.

78 Bertrand Ph et Gully H. Monoprix et Amazon : un accord qui rend flou. *Les Échos*, 26 mars 2018.

79 La montée en puissance du commerce en ligne. *Les Échos*, 27 novembre 2017.

80 Darasse P. Fnac-Darty : Comment résister à Amazon et Alibaba ? *Capital.fr*, 6 avril 2018.

81 Bergé F. Les Français n'ont jamais acheté autant de vêtements sur Internet. *BFM Business*, 13 septembre 2016 ; Vautard C. Prêt-à-porter féminin : la reprise est en cours ! *fashionunited.fr*, 8 février 2018.

82 idem

83 Garcez C, Mangin D (sous la direction de). *Du Far West à la ville. L'urbanisme commercial en questions*. Éditions Parenthèses, 2014.

84 Poupeau T. EuropaCity : une étude remet en cause la création des 11 500 emplois promis. *Le Parisien*, 30 Mars 2016.

85 *Historique du commerce du marché. www.ressources.aunege.fr*

86 *Le commerce de centre-ville, vers un nouvel élan ?* Conférence de Pascal Madry, directeur de Procos et de l'Institut pour la Ville et le Commerce, 21 décembre 2011.

87 www.valtolosa.com, site officiel du projet

88 *Europacity. Une destination de rang mondial. Un projet structurant du Grand Paris.* Dossier de Presse, 27 septembre 2017.

89 Entretien : L'aspect théâtral du centre commercial expliqué par DGLa. Propos recueillis par Jean-Philippe Hugron. *Le Courrier de l'architecte*, 11 avril 2012.

90 Taillon G. Et si les centres commerciaux devenaient de véritables quartiers? kollectif.net, 25 novembre 2017.

91 Gadea M. Un supermarché signé Claude Parent bientôt classé monument historique ? *France Info*, 6 décembre 2016.

92 Leray Ch. L'Atoll, le futur centre commercial d'Angers, est un concept élégant et inédit. Cyberarchi.com, 16 juin 2008.

93 Leray Ch. Au milieu de nulle part, Philippe Journo en triste pays des merveilles. *Chroniques d'architecture*, 28 avril 2016.

94 Leray Ch. Les architectes réconciliés avec les centres commerciaux ? *Chroniques d'architecture*, 14 juin 2016.

95 J'ai consacré plusieurs articles à ce dossier dont : En France et en Belgique, des élus s'opposent à l'appétit d'ogre du géant Ikea. *La Tribune*, 9 octobre 2014 - Zones commerciales : leur prolifération anarchique doit cesser. Une réforme est nécessaire. *L'Obs Plus*, 28 mai 2016 - À Caen, Ikea dépasse les bornes. *Huffingtonpost*, 5 octobre 2016 - Centre commercial Ikea de Caen : de l'impuissance des politiques d'urbanisme, *Le Cercle Les Échos*, 2017 - L'Inter Ikea près de Caen verra-t-il le jour ? *Le Cercle Les Échos*, 22 octobre 2017.

96 La CNAC est l'instance de recours des décisions et avis des commissions départementales d'aménagement commercial (CDAC).

97 Centre commercial d'Ikea à Bayonne : le bras de fer continue, T. V., sudouest.fr, 20octobre 2015

98 Le coup de gueule de David Lisnard contre « l'explosion délirante » des centres commerciaux sur la Côte d'Azur. *Nice Matin*, 20 juin 2017.

99 Interview de David Lisnard : « Moi, je n'ai pas envie de vivre à Dubai ! ». *Le Point*, 22 juin 2017.

100 Navas Ch. Logements, commerces : Sophia Antipolis se réinvente pour accompagner son essor. *Les Échos*, 20 avril 2017.

101 Gintrand F. Désertification des centres-villes : les loyers ne sont pas coupables. *Cercle Les Échos*, 19 juin 2018.

102 Commerce. Ces vitrines vides, en plein centre-ville de Caen. *actu.fr*, 8 janvier 2018.

103 Une zone franche est une zone urbaine (souvent un quartier défavorisé) à l'intérieur de laquelle les entreprises bénéficient d'avantages fiscaux.

104 Colas des Francs O. S'implanter en centre commercial, est-ce que ça vaut le coup ? *Les Échos de la franchise*, 22 avril 2013.

105 Bicard D avec Bianchi F. Ces enseignes qui génèrent du trafic. *LSA*, 10 septembre 2009.

106 La vacance commerciale s'emballe dans les centres commerciaux. *Procos*, 5 novembre 2014.

107 Bicard D. Ametzondo Shopping, le premier centre à locomotive Ikea intégrée. *LSA*, 15 novembre 2016.

108 Un an au Jeu de Paume, avantages et revers du centre commercial. *Le Courrier Picard*, 19 décembre 2016.

109 idem

110 Manelli S. Marseille : les Docks, mirage commercial ? *La Provence*, 2 octobre 2017.

111 Gintrand F. Centres commerciaux : des indépendants pour réussir un lancement, mais après ? *Le Cercle Les Échos*, 4 juillet 2018.

112 Binacchi F. Côte d'Azur : Deux ans après l'ouverture de Polygone Riviera, la grogne de certaines enseignes. *20 Minutes*, 9 octobre 2017.

113 Étude 2015 des locaux commerciaux vacants par la base de référence Codata cité par Centres commerciaux : grande vacance ? Jérôme Massa, Directeur Général Adjoint de Berenice, *berenice.fr*

114 Bicard D. La vacance culmine à plus de 10 % dans les centres commerciaux. *LSA*, 25 juin 2018.

115 Rapport de l'Inspection Générale des Finances et du Conseil Général de l'Environnement et du Développement durable, juillet 2016.

116 Gintrand F. Le groupe Casino sonne la charge contre les centres commerciaux. *Les Échos*, février 2017.

117 « Les centres commerciaux de périphérie contribuent à la destruction du lien social ». Interview de Régis Schultz par Ivan Letessier. *Le Figaro*, février 2017.

118 Galeries Lafayette : un projet de cession en franchise de 22 magasins en province. *leMonde.fr* avec AFP, 27 novembre 2017.

119 Gintrand F. Passage de 22 Galeries Lafayette en franchise : alerte sur les centres-villes ! *Le Cercle Les Échos*, 28 novembre 2017.

120 Trop de centres commerciaux en périphérie?, Point de vue de Gontran Thüring, Conseil National des Centres Commerciaux, *Business Immo*

121 Briand S. Pourquoi il y a trop de centres commerciaux en France. *Challenges*, 19 novembre 2014.

122 Idem

123 Gintrand F. Quand l'Allemagne défend ses centres-villes contre l'Union européenne. *Courrier des Maires*, 16 août 2016.

124 Gintrand F. Plan de revitalisation des centres-villes : 5 milliards pour rien ? *Cercle Les Échos*, 29 mars 2018.

125 Urbanisme commercial et grande distribution. Étude empirique et bilan de la loi Raffarin, Jean-Louis Monino et Stéphane Turolla. *Revue française d'économie*, année 2008.

Index

des villes, institutions, foncières et enseignes de la grande distribution

Remerciements

Ce livre doit beaucoup aux parlementaires, aux élus locaux et plus largement aux acteurs des territoires. Je pense notamment à Patrick Vignal, député LREM de l'Hérault et président de Centres-villes en mouvement ainsi qu'à Remy Pointereau, sénateur LR du Cher et Martial Bourquin, sénateur PS du Doubs qui ont bien voulu m'associer à leurs travaux sans oublier Joël Labbé, sénateur EELV du Morbihan, et Caroline Cayeux maire de Beauvais et présidente de Villes de France. De nombreux entretiens avec des professionnels de la distribution et de l'urbanisme commercial ont utilement complété les articles et les livres dont la liste figure à la fin de cet ouvrage. Je pense notamment à Philippe Schmit, secrétaire général de l'ADCF, et Emmanuel Leroch, délégué général de PROCOS ainsi qu'à René-Paul Desse, professeur d'urbanisme occidental à l'Université de Bretagne occidentale et Olivier Badot, professeur de marketing à l'ESCP Europe dont les points de vue, parfois divergents, toujours passionnants, ont contribué à enrichir le contenu de ce livre. Un grand merci également à Jean-Christophe Pujos, responsable du jury des Trophées centres-villes ainsi qu'aux présidents d'associations de commerçants et de protection de l'environnement, aussi bien nationales que locales. Une pensée particulière enfin pour Thierry Souccar et Elvire Sieprawski, Xavier Beulin et Jean-Laurent Cassely qui, chacun à sa manière, par leurs suggestions, leur patience, leurs critiques constructives et leurs encouragements ont permis à ce livre de voir le jour.